# 東南アジア スタートアップ大躍進の秘密

中野貴司
鈴木 淳

日経プレミアシリーズ

# はじめに

「10年前、東南アジアのスタートアップは欧米のものまねのクローンばかりで、業界は砂漠のような状態だった。その後の10年間で、東南アジアの経済や文化に適応したミュータント（突然変異体）が数多く生まれ、今は独自のビジネスモデルを持つ新種が増えている」

ロシアがウクライナに侵攻し、世界に激震が走る前日の2022年2月23日、高層のオフィスビルが立ち並ぶシンガポール中心部。地場のベンチャーキャピタル（VC）、インシグニア・ベンチャーズ・パートナーズの創業パートナーのインラン・タンは、過去10年の東南アジアのスタートアップ業界の成長と変貌をこう振り返った。彼は創業前に、シンガポール首相府管轄下の国家研究財団（NRF）で、起業家やVCが乏しく「砂漠」のような状態だったスタートアップの支援プログラム作りに携わっていた。東南アジアや中国のスタートアップ業界に関する著書もあり、このテーマについて聞くにはうってつけの人物だ。

タンが言うように、東南アジアのスタートアップが勃興してきたのは、ここ数年のことだ。シンガポールの新興メディア、ディールストリートアジアによると、東南アジアで企業価値が10億ドル（約1150億円）を超える未上場企業、いわゆるユニコーンが誕生したのは、2013年のラザダ（シンガポールのネット通販）が最初だ。米国や中国に比べ、有望な企業の数が圧倒的に少ないだけでなく、世界で成功した新興企業のビジネスモデルをコピーし、輸入しただけの企業も多かった。

生きのいい新興企業が増え、世界の投資家が東南アジアに目を向け始めたのは2018年頃からだ。この年、東南アジアの配車サービス最大手のグラブが、米国の同業最大手のウーバーテクノロジーズの東南アジア事業を買収した。「クローン」だったはずのグラブが、元祖であるウーバーとの競争に勝ったこのM&A（合併・買収）は、東南アジアのスタートアップの躍進を象徴する出来事だった。その後、グラブは食事の宅配や銀行業務にも事業を広げ、独自のビジネスモデルを構築する「ミュータント」に変わっていく。

2021年には東南アジアで25の新たなユニコーンが誕生した。2013年から2020年までにユニコーンになった企業の総数（21）を1年で上回り、東南アジアのスタートアップ業界は草創期から成熟期に入った。第7章で取り上げるエビやカニの培養肉開発企業、シオック・ミーツのように、欧米でもまれな事業を手掛ける企業も珍しくなくなっている。

マイクロソフトアジアのアーメド・マザリ社長は2022年1月にシンガポールで開かれた日本経済新聞社のシンポジウムで「（日常生活のあらゆる需要を1つのアプリで満たすスーパーアプリや、動画投稿アプリなどの技術革新はアジアから生まれている」と指摘した。今や中国も含めたアジアが、世界のイノベーションの発信地になっているとの認識を示したのだ。実際、東南アジアの各国では次世代のユニコーンとなる可能性のあるスタートアップが、日々誕生している。

筆者の鈴木淳は2016年4月から2020年3月までインドネシアのジャカルタに、中野貴司は2017年4月から現在までシンガポールに赴任し、東南アジアのスタートアップの躍進を現場で取材する機会に恵まれた。筆者よりも若いスタートアップの経営者や幹部から壮大な経営ビジョンや将来の成長計画を聞くのは、仕事であることを忘れるほど刺激的で楽しい経験だった。本書は2人の筆者が東南アジアの各地で直接見て聞いたことを、できる限り分かりやすく伝えることを意図したものである。

まず序章では、東南アジアのスタートアップの現状を概観する。2020年に世界を襲った新型コロナウイルスの感染拡大は、東南アジアの経済に大きな打撃を与えた半面、域内のデジタル化や新興企業の成長を加速する契機となった。その後の第1～4章では、グラブ、シー、ゴジェック、トコペディアという東南アジアを代表する4社に焦点を当てる。グラブは2021年12月に米ナスダック市場に上場し、同じ年にゴジェックとトコペディアは経営統合し、GoTo（ゴートゥー）グループになった。この4つの章では、著しいスピードで成長する3グループ4社の経営のダイナミズムを詳述していきたい。

第5章と第6章では、スタートアップの躍進を支えるファンドや大学といったプレーヤーを取り上げる。シンガポールの政府系投資会社、テマセク・ホールディングスやシンガポール国立大学（NUS）などは、東南アジアのスタートアップのエコシステム（生態系）の形成に大きく貢献してきた。財閥のかかわりを取り上げた第8章と共に、東南アジアのエコシステムの独自性に光を当てたい。

第7章でグラブ、シー、GoToの「3強」に続く新興企業について触れた上で、最後の

第9章では課題を指摘する。ロシアのウクライナ侵攻によって、世界の政治経済情勢は一変し、将来の不確実性も格段に増した。世界の秩序が変わり、金融市場の価格変動が激しくなることで、東南アジアのスタートアップの資金調達や事業環境も大きな影響を受けている。例えば、グラブやシーの株価は、2022年に入ってから大きく下がっている。私たちはそれでも中長期の成長シナリオが揺らぐことはないと考えるが、東南アジアのスタートアップ業界にとっては、2022年は初めての大きな試練の年になるかもしれない。

執筆は序章、第1、2、5、6章を中野貴司が、第3、4、7、8、9章を鈴木淳が担当した。肩書は原則として取材当時、為替レートは原則として2022年2月末時点の水準を採用している。敬称は略した。本書が読者の東南アジアのスタートアップに対する関心をさらに高め、日本企業と成長著しい東南アジア企業のつながりを深める一助となれば幸いである。

2022年4月

中野貴司
鈴木　淳

目次

## 第1章　グラブ——創業10年で米国に上場

# 第3章　ゴジェック

## ——社会を変えて「インドネシアの誇り」に

# 第4章　トコペディア――大型統合で「ＧｏＴｏ」が誕生

# 序　章

# スタートアップが担う<br>東南アジアの成長

## コロナ禍で急増した宅配

2020年4月、新型コロナウイルスの感染拡大で、事実上のロックダウン（都市封鎖）が敷かれたシンガポール。東京23区よりわずかに大きな面積に高層ビルが建ち並ぶアジア有数の金融都市は、不要不急の外出が禁止され、大通りからは人の姿が消えた。

車の通行量が激減し、ひっそりとした通りに響き渡ったのが、後部に緑色の運搬ボックスを備えつけたバイクのエンジン音だった。緑色がコーポレートカラーの配車大手グラブの運転手たちは、レストランや屋台街での店内飲食が禁止された状況下で、増え続ける宅配の注文を受けて食事を運び続けた。新型コロナに感染するリスクもいとわず、朝昼晩、食事を届け続けた運転手たちは、自炊しない家庭も多いシンガポール人の食生活を文字通り、支えた。

シンガポールだけではない。インドネシアのジャカルタ、タイのバンコク、マレーシアのクアラルンプール。これら東南アジア各国の大都市、そして食事宅配とは無縁だった地方の小さな都市や町でも、至る所で同様の光景が見られた。グラブやインドネシアの大手ゴ

シンガポールを走るグラブの配達員（筆者撮影）

ジェックの運転手は、コロナ前は人を運ぶ配車事業が中心だった。新型コロナが発生し、人が街に出なくなってからは、運搬の対象を人から食事や食品に素早く置き換えて、東南アジアの街角をバイクで駆け巡った。

## ネット利用人口が2年で8000万人増加

もちろん、新型コロナの感染拡大を受けたロックダウン下で、新興の食事宅配業者が急成長したのは世界共通の現象だ。米国ではドアダッシュ、英国ではデリバルーなどの業者が事業基盤も知名度も拡大し、両社は2020年から2021年にかけて上場を果たした。だが、こうした先進国やデジタル化が進む中国と東南アジアでは、デジタル市場の成熟度合いで依然、大きな格差がある。

英調査会社ユーロモニター・インターナショナルによると、2020年時点のネットを使った食事宅配注文の浸透率は米国、中国が共に21％であるのに対し、東南アジアは11％にとどまった。決済件数全体に占める電子決済の比率も米国が82％、中国が43％と高いのに対し、東南アジアは17％と低い。

ただ、それは今後の伸びしろが大きいということでもある。米グーグル、シンガポールの政府系ファンド、テマセク・ホールディングス、米コンサルティング会社ベイン・アンド・カンパニーの調査によると、新型コロナ発生前の2019年、インドネシア、フィリピン、ベトナム、タイ、マレーシア、シンガポールの東南アジア主要6カ国のインターネットの利用者は3億6000万人だった。6カ国の人口全体の6割強で、依然約4割の人口がネットにアクセスできていなかった。

それが、新型コロナが世界的に拡大した2020年には4000万人、2021年にもさらに4000万人が新たにネットにアクセスするようになり、東南アジア主要6カ国のネットの利用者は2021年時点で4億4000万人にまで増えた。新型コロナ下の2年間で、日本の人口の3分の2に匹敵する数の人口が新たにネットにつながったことになる。2015年（2億6000万人）から2019年（3億6000万人）までの4年間のネット利用者の増加幅は1億人と、年平均の増加ペースは2500万人だった。新型コロナ下の各国の移動制限によって、これまでネットを使ってこなかった人もネットを使わざるをえなくなり、域内のデジタル化のスピードは格段に加速した。

ただネットに接続するようになったというだけではない。ネット経由で少なくとも1回以上モノを買ったり、有料サービスを利用したりした消費者の数は、2021年時点でネット利用者4億4000万人の8割に当たる3億5000万人に上る。このうち6000万人は2020年以降、つまり新型コロナの発生以降に初めてネットでの購入に踏み切った消費者だった。

新型コロナはネット経由でモノを買う消費者の絶対数を押し上げただけではなく、1人1人の消費者が利用するネットサービスの数も増やした。グーグルなどの調査では、東南アジアの消費者は新型コロナ前に比べて、平均で3・7のサービスを新たに利用するようになった。

シンガポールで広告・マーケティング会社に勤めるジョセフィン・チュー（40歳）はその典型例だ。チューが日常的に使うアプリの数は配車のグラブ、ネット通販のショッピーやラザダ、アマゾン、スーパーのフェアプライス、青果店のフルーツワークズ、ファッションのユニクロなど20に上る。新型コロナ前に日常的に使っていたアプリは5つだったから、新型コロナによって外出の機会が制限されたことがチューの消費行動を大きく変えた。チューは、「コロナ前は買い物の65％がネット経由、35％が実際の店舗を通じてだったが、新型コロナ下では95％の買い物をネットで済ませるようになった」と話す。

自動車を運転しないチューは、オンラインでの買い物のほうが時間を節約でき、便利なことに改めて気づかされたという。「新型コロナが収束しても、95％の買い物はネットで済ませる。自宅のドアの前まで配達してもらうほうが便利だし、注文の当日に配送してくれるから買いだめをする必要もない。仮に配送された商品にキズがあったりしても、すぐに返品に応じてくれるから問題ない」

## デジタル市場の変化、3つのキーワード

ゲームやネットの通信販売を手掛けるシンガポールのシーでチーフエコノミストを務めるサンティタン・サティラタイは、新型コロナが東南アジアのデジタル市場にもたらした変化を3つのキーワードで説明する。

1つ目はネット利用の「標準化」だ。多くの消費者は新型コロナの発生当初、ロックダウンの下で必要に迫られてネット通販や食事宅配を利用していた。それが繰り返し使っていくうちに操作に慣れ、使い勝手の良さを享受するようになった。特に高齢者や地方に住んでいる人がネット利用の味を占めたことは大きい。消費者は街中の小売店に行くよりも、オンライン上でまず商品やサービスを検索するようになっており、その流れは新型コロナが収束した後も戻らないだろう。

2つ目はネット利用の「深化」だ。スマートフォン（スマホ）に慣れ親しんだ東南アジアの消費者にとって、ネットはモノを買うためだけの場ではない。チャット機能を使って売り手とのやり取りを楽しんだり、ゲームを通じて友人とつながったりするエンターテインメン

トの場になっている。

英調査会社ウィー・アー・ソーシャルが2022年1月に発表した調査によると、フィリピンの国民は平均で1日10時間27分と、世界の国の中で南アフリカに次いでネットに接続している時間が長い。マレーシアは9時間10分、タイは9時間6分、インドネシアも8時間36分と上位に顔を出す。東南アジアの国の人々は起きている時間の大半を、スマホを触ったり、パソコンの画面を見たりして過ごしていると言っていいほどだ。

なお、日本の消費者の1日のネット利用時間は4時間26分と、東南アジア各国だけでなく、世界の平均（6時間58分）と比べても2時間半も短い。

そして、サティラタイが指摘する3番目のキーワードが「地方の都市化」だ。ネット上では地方に住んでいる人でも大都市の住民と同じ商品が買え、同じ体験ができる。物理的な距離というハンディキャップがなくなり、必ずしも都市に移り住む必要がなくなっている。

グーグルなどの調査でも、新型コロナの発生後にネットで買い物をし始めた人のうち、半数以上が都市部以外の地方の住民であることが分かっている。サティラタイは、「高齢者も含めて東南アジアの消費者にとってネットは生活の一部になっており、これら3つの変化は新型コロナの収束後も永続する」と指摘する。

## 急成長する市場を牽引する3グループ

東南アジアのデジタル経済の市場拡大は、まだ本格的な成長が始まったばかりだ。グーグルなどによると、2020年に1170億ドル（約13兆4600億円）だった市場は、2025年には3倍の3630億ドル（約41兆7500億円）まで伸びる。分野別の内訳ではネット通販が2340億ドルと最も大きく、全体の3分の2近くを占める。新型コロナ下で大きく市場が縮小した旅行関連のネットサービスも2025年には430億ドルと、コロナ前（340億ドル）を上回るまでに回復する見通しだ。オンラインメディア（430億ドル）や配車・食事宅配（420億ドル）も順調に伸びが続く。いずれの分野も2021年から2025年にかけての年平均の市場成長率は18～36％に達する見通しだ。

国別では、人口が約2億7000万人と東南アジア最大のインドネシア（1460億ドル）が全体の4割を占め、経済成長が著しいベトナム（570億ドル）やタイ（560億ドル）が追随する。インドネシアやベトナムはただ単に人口が多いだけでなく、ネット利用が日常生活の一部である若年層の割合が高く、デジタル経済市場の伸び率が高い主因となっている。2026年以降も東南アジアのデジタル経済はさらに伸び、2030年には7000億～1兆ドルと、2025年の倍以上の規模に到達すると見られている。

特筆すべきは、これらのデジタル経済の担い手の多くが設立から10年程度、あるいは10年にも満たない東南アジアのスタートアップであることだ。例えば、中古車のネット売買ならシンガポールのカーロやマレーシアのカーサム、ネットの旅行予約ならインドネシアのトラベロカといった具合だ。

単なる商品の購入ではない新たなサービスも続々と立ち上がり、浸透している。東南アジアを中心に個人同士が物品を売買するフリーマーケットアプリを運営するカルーセルは、アジア版のメルカリとも言える存在だ。提携するネット通販で買い物した消費者に一定割合の現金を還元する事業を営むのは、カルーセルと同じシンガポールが本社のショップバックだ。同社のサービスの利用者はタイやフィリピンなど10カ国・地域で3000万人を超える。

ネットを使った遠隔医療は、新型コロナで対面の接触が避けられるようになったことで一気に市場が拡大した。この分野では、インドネシアのハロドクやシンガポールのドクター・エニウェアが台頭する。若い起業家が海外の最新のデジタル市場の動向を踏まえつつ、社会で求められているサービスを考案、開発し、経済に変革と新たな活力をもたらしている。

そんな東南アジアのスタートアップの中でも代表格と言えるのが、シンガポールの配車大手グラブ、ネット通販などを手がけるシー、配車大手のゴジェックと通販大手のトコペディアが統合したインドネシアのＧｏＴｏ（ゴートゥー）の3グループだ。事業モデルや企業文化、創業の経緯や創業者の経営スタイルはそれぞれ異なるが、いずれも複数の主力事業を持ち、消費者の日常生活に欠かせない「プラットフォーマー」としての地位を確立している。

２０１７年にいち早くニューヨーク証券取引所に上場したシーは、２０２１年に一時、時価総額が日本円換算で20兆円を超えるまでになった。グラブも２０２１年12月に米ナスダック市場への上場を果たし、ゴートゥーも２０２２年4月にインドネシア証券取引所に上場した。この3グループのビジネスモデルや経営戦略については、第1～4章でさらに詳しく触れていきたい。

## 日本をはるかに上回る資金調達規模

勢いのある企業が多い市場に投資家のお金が集まってくるのは自然の理だ。ディールストリートアジアの調査では、東南アジアのスタートアップが2021年に調達した金額は257億ドル（約2兆9600億円）に達した。2020年の調達額が94億ドルだったから、2021年は2・7倍のペースで投資家のマネーが流入した。

ユーザーベースによると、日本のスタートアップの2021年の資金調達額は前年比46％増の7801億円だった。東南アジア諸国連合（ASEAN）10カ国の国内総生産（GDP）規模は日本の約6割だが、新興企業の資金調達の規模では日本をはるかに上回っていることが分かる。なお、全米ベンチャーキャピタル協会（NVCA）などの調査では、米国のスタートアップ投資は2021年に3296億ドル（約37兆9000億円）と、東南アジアより1ケタ多い。

シリコンバレーを中心にスタートアップの成長を支援するエコシステムが出来上がっている米国との距離は依然大きいものの、東南アジアはアジアの中で相対的に有利なポジションにある。中国では2021年に入り、当局がスタートアップを含めたIT（情報技術）企業などへの統制を強め、投資家は中国企業への出資に慎重になっている。中国に投じられていたマネーが今後東南アジアに振り向けられるようになり、中国と東南アジアの差がさらに縮まる可能性は十分ある。

東南アジアの新興企業がいかに魅力的な投資対象となっているかは、世界のイノベーションを主導する米巨大企業の動向を見れば分かる。マイクロソフトは2020年11月、インドネシアのネット通販大手のブカラパックと戦略提携したと発表した。ブカラパックの総額1億ドル（約115億円）の資金調達に投資家として参加しただけでなく、クラウドサービスを提供したり、ブカラパックの従業員や取引先企業のデジタル技術の習得を支援したりするという。

ブカラパックには1300万社超の中小企業の取引先、1億人の個人の顧客という巨大なネットワークがある。マイクロソフトにとって、戦略提携はこれらの取引先、消費者のネットワークにアクセスできるようになることを意味する。

同じ2020年6月にはフェイスブック（現メタ）と米決済大手のペイパルがゴジェック

に出資した。グーグルはゴジェックだけでなく、同じゴートゥーグループのトコペディアにも出資している。

## スタートアップに巨額投資する日本企業の狙い

東南アジアのスタートアップは日本企業との関係も深い。例えば、グラブには孫正義会長兼社長が率いるソフトバンクグループ（ＳＢＧ）が２０１４年から投資し、上場前の２０２１年４月時点で、出資比率は21・7％に達していた。トヨタ自動車が２０１８年に10億ドル（約１１５０億円）、三菱ＵＦＪ銀行が２０２０年に7億６０００万ドル（約８７０億円）を出資するなど、日本を代表する企業や金融機関が先を争うようにグラブに資金を投じている。

日本企業にとって、グラブのような東南アジアのスタートアップに投資する目的は、順調に成長した後に株式を売却し、利益を得ることだけではない。むしろ本業との相乗効果を狙う事業上の目的のほうが大きいと言える。例えば、トヨタ自動車ならグラブの配車事業との連携、三菱ＵＦＪ銀行なら金融事業での連携といった具合だ。今後の成長が確実な東南アジアで足場を築く上で、東南アジア8カ国に進出し、膨大な消費者のデータを持つグラブとの連携は魅力的だ。グラブにとっても、すでに確立した技術やノウハウを持つ日本の大企業は、成長のスピードを早めてくれる重要なパートナーだ。

さらに言えば、日本企業は東南アジアのスタートアップとの提携を、自らの企業文化変革のテコにしようとしている。日本企業のイノベーションを生み出す力が衰えたと言われて久しい。確かに年功序列と終身雇用が根強く残る伝統的な日本企業の多くは、人工知能（ＡＩ）など最新技術の導入によって日進月歩で変わる世界のイノベーション競争についていけず、遅れが目立っている。

一方、東南アジアの新興企業は経営陣、従業員ともに若く、Ｔシャツにジーンズといった軽装で休日も関係なく働く。米国のトップ層の大学・大学院に留学した経験があったり、英語や中国語など複数の言語を操ったりできる幹部も多い。出資して株主になり、若手社員を出向させるだけで成長企業のイノベーションの源泉を吸収できるほど甘くはないが、日本企業は東南アジアのスタートアップに自分たちが持っていない革新性や可能性を見出し、規模ではずっと小さい彼ら・彼女らから学ぼうとしている。

## 米国や中国に勝る東南アジアの可能性

シリコンバレーを中心に昔も今もベンチャー企業の最大の集積地である米国は、人材や資金が豊富で、日本企業が食い込むのはすでに難しくなっている。米国と並ぶ二大強国である中国も、共産党の意向が産業界の規制に反映される傾向が強まり、日本企業がますます投資しにくい環境になっている。そんな中で、東南アジアは日本企業が現地のスタートアップと相互に利益を得るウィン・ウィンの関係が築ける数少ない地域になっている。

ＡＳＥＡＮは加盟10カ国合計の人口こそ約6億６０００万人と、日本の5倍以上に上るものの、加盟国全体のＧＤＰは合計でも約3兆ドル（約３５０兆円、２０２０年）と日本の６割程度だ。１人当たりＧＤＰも４５００ドル（約52万円、２０２０年）と、日本の9分の１にとどまる。１人当たりＧＤＰですでに日本を上回っているシンガポールと天然資源の豊富なブルネイを除けば、東南アジアはなお新興国の集合体だ。

しかし、ＡＳＥＡＮは世界の二大人口大国である中国とインドの間に位置し、両国からのモノや人の結節点になる絶好の位置にある。インドネシアやベトナム、フィリピンなど高い成長余力を持つ国を含むＡＳＥＡＮは、２０３０年代には米国、中国、欧州連合（ＥＵ）に続く世界第４位の経済圏に浮上する可能性が高い。その間に、最新の技術やサービスが一足飛びに普及する「リープフロッグ（カエル跳び）」と呼ばれる現象が、東南アジアの各地で見られるはずだ。

その担い手の中心はスタートアップだ。現在成長中のスタートアップがさらに存在感を増し、東南アジア経済や社会の主軸を占めるのはもちろんのこと、まだ生まれてさえいない複数のスタートアップが２０３０年には東南アジアに変革を巻き起こしているだろう。２０１０年にはグラブがまだ設立されておらず、シーやゴジェックも無名の存在だったように。

次章以降では東南アジアのスタートアップとその発展を支える投資家や大学などの全体像を伝えることで、この地域のダイナミズムと可能性を浮き彫りにしていきたい。

# 第　1　章

# グラブ

## ——創業10年で米国に上場

## ナスダック上場の熱狂

２０２１年12月2日夜、シンガポール中心部の高級ホテル、シャングリ・ラ。数々の重要な国際会議の会場となった1階の「アイランド・ボールルーム」に、グラブのTシャツを着た数百人の男女が集まっていた。新型コロナウイルス下で出席人数には厳格な制限が設けられており、会場の座席も1メートル以上の距離が取られている。にもかかわらず、出席者に配られたプラスチック製の打楽器を鳴らす音や歓声で、会場は興奮と熱気に包まれていた。

この日、シンガポールの配車大手、グラブは米投資会社アルティメーター・キャピタルの特別買収目的会社（ＳＰＡＣ）との合併を通じて、米ナスダック証券取引所に上場する予定となっていた。シャングリ・ラで開かれたのはその記念式典で、集まったのはグラブの社員に加え、配車の運転手や食事宅配事業のパートナーである飲食店の関係者だった。通常、ナスダックの上場の際は、上場する企業の幹部がニューヨークに行き、式典に臨む。しかし、共同創業者のアンソニー・タンやタン・フイリンら幹部は、シンガポールに残った。苦労を共にした社員や運転手らと一緒に上場を祝いたいという理由からだった。

シンガポールで行われたグラブの上場式典（2021年12月2日）（グラブ提供）

あいさつに立ったアンソニー・タンが壇上から語りかける。「ナスダックの歴史上、初めて東南アジアで開かれた上場式典にようこそ。今夜、東南アジアに世界のスポットライトが当たっています。東南アジアで育ったテック企業が地域の6億6000万人の人々の力になってきたことに世界が注目しています」。感極まったのだろう。あいさつは途中から涙声に変わった。

そして、午後10時18分。会場のカウントダウンと共に、取引が開始されると、約1万5000キロメートル離れたニューヨーク中心部のタイムズ・スクウェアのスクリーンには、「グラブ上場」の文字が映し出された。

2011年にマレーシアで産声を上げたスタートアップが、世界の投資家に広く認知された瞬間だった。

## ないと生活に困るスーパーアプリ

グラブが事業を展開するのは、シンガポール、インドネシア、タイ、ベトナム、マレーシア、フィリピン、カンボジア、ミャンマーの東南アジア8カ国。各国の首都をはじめとする大都市だけでなく、小さな町にまで入り込んでおり、サービスが利用できる地域は400を超える都市に及ぶ。手掛ける事業も創業時の配車から、食事や日用品の宅配、決済などの金融と多岐にわたっている。

東南アジアで生活すると、グラブのアプリがないと不自由さを感じるはずだ。街中を移動するときはもちろん、マクドナルドのようなファストフードを宅配で注文するときも、ディスカウント店、ドン・キホーテから食料品を配送してもらうときも、グラブのアプリ経由で注文すれば、自宅にいながら簡単に決済まで完了する。近所の小さな青果店で果物を買うときも、レジに行けばグラブの電子マネーで決済可能だというサインが目に入る。

グラブのアプリを開けば、日常生活に必要な機能の大半は手に入る。「スーパーアプリ」と呼ばれるゆえんだ。

多様な民族や宗教の人々が住み、国によって平均所得も大きく異なる東南アジアで事業を展開するだけに、様々なニーズに応える工夫もしている。例えば、食事の宅配ではイスラム教徒向けのハラル専用のコーナーや、高評価の飲食店を紹介する「ミシュランガイド」推薦店のコーナーなどを設けている。

グラブのサービスを日常的に使う利用者数は2021年時点で、約2400万人。グラブのアプリの累計ダウンロード数は2021年1月時点で2億1400万回に達しており、単純計算では、東南アジア諸国連合（ASEAN）の人口6億6000万人の3分の1弱に相当する回数がダウンロードされたことになる。いかに多くの人が、これまでにグラブのサービスを利用してきたかが分かる。

## ハーバード大で出会った2人のタン

グラブの共同創業者の2人のタンが出会ったのは、創業2年前の2009年、場所は留学先の米ハーバード大学経営大学院だった。アンソニー・タンはマレーシアの自動車製造・販売大手、タンチョングループの御曹司で、起業前は父親の会社でマーケティングなどを担当していた時期もあった。

一方、タン・フイリンはクアラルンプールのありふれた中間層の家庭出身で、当時勤務していた大手コンサルティング会社マッキンゼー・アンド・カンパニーから社費留学で派遣されていた。彼女は2016年の日本経済新聞のインタビューで、「アンソニーとは育った環境があまりに違いすぎて、最初は彼のことを『金持ちの嫌なやつ』だと思い込んでいた」と、当時の率直な思いを打ち明けている。

2人に直接インタビューした印象では、物事を前向きに捉える、開放的な性格は共通する。アンソニー・タンは情熱を前面に出し、上場式典時に見せたように涙もろい面もある。人なつっこく、年上の経営者には好かれるだろうと思わせる反面、インタビューでは厳しい質問を笑顔でかわし、本音をつかませない、したたかさもある。

一方、タン・フイリンは理知的で、インタビューの質問にも論理的かつ誠実に答えようとする姿勢があふれる。ただ、仕事では厳しく結果を求める面もあるようだ。実際、タン・フ

グラブの共同創業者、アンソニー・タン（右）とタン・フイリン（グラブ提供）

イリンと仕事をした経験のある日本企業の幹部は、「ビシビシと課題を厳しく詰められた」と苦笑いしながら振り返る。

そんな2人が志を共有し、起業に踏み切ったきっかけは、経営学修士号（MBA）プログラムの「BOP（ベース・オブ・ザ・ピラミッド＝低所得者層）ビジネス」の講義で机を並べたことだった。企業としての利益の追求と社会貢献の両立が講義のテーマだったが、2人の脳裏に浮かんだのは母国マレーシアのタクシー事情だ。配車が普及していなかった当時は、わざと回り道をして高額な料金を要求するタクシー運転手はざらで、車内も女性客が利用をためらうほど清潔感がなく、安全も確保されていなかった。

「グーグルで『世界最悪のタクシー』と検索すれば、最上位に来るほどサービスは劣悪だった」（タン・フイリン）。マレーシアのタクシー業界をどう改善できるのかを議論するうちに、2人はビジネスを通じて社会を良くしたいという思いが同じだと気づく。

マレーシアの交通安全を解決するというテーマを掲げた2人の配車アプリの事業計画は学内のコンペで2位に入選する。卒業後に帰国した2人は、ハーバード大時代に机上で描いた構想を実現すべく、2011年7月にMyTeksiという会社を立ち上げる。世界中の起業家と同じように、知人から借りた倉庫でアプリの試作を繰り返す、ささやかなスタートだった。

## ウーバー買収の衝撃

今でこそ配車は東南アジアの生活に欠かせない移動手段として小さな都市にまで浸透しているが、当時は携帯電話のアプリに自分の目的地を入力し、タクシーではない車を呼ぶという行為は東南アジアのほとんどの人にとってなじみのない経験だった。

2人がまず着手しなければならなかったのは、配車のプラットフォームを作る上で欠かせない大量の運転手を確保することだった。タクシー運転手が食事や休憩のために集まる屋台街を訪れては、運転手に片っ端から声をかけ、携帯電話の使い方に不慣れな運転手にアプリの使い方や配車の仕組みを一から説明し、熱心に勧誘した。

ハーバード大で世界中から集まってきた起業家の卵たちと切磋琢磨《せっさたくま》した2人は、最初からこの可能性を秘めたビジネスをマレーシアだけにとどまらせるつもりはなかった。会社設立の翌年の2012年6月にマレーシアで配車事業を開始すると、1年後の2013年7月には早くもフィリピンに、同じ年の10月にはシンガポールとタイに進出する。そして、2017年12月にカンボジアに進出し、ASEAN主要8カ国を営業地域とする体制が完成した。

東南アジア発のスタートアップとして知名度を高めていたグラブが配車事業で盤石の地位を固めたのは、2018年3月の米配車最大手、ウーバーテクノロジーズの東南アジア事業買収だ。それまでグラブは「東南アジアのウーバー」と呼ばれ、時には物まねと揶揄《やゆ》されてきた。そのグラブが「本家」のウーバーの東南アジア事業を買収する事態は、多くの社員にとってすら想像できないことだった。

その想定外を実現したことで、グラブは東南アジアで配車最大手としての地位を揺るぎないものにする。買収発表の直後、シンガポール競争委員会は競争法に違反する可能性があると指摘し、フィリピン競争委員会も競争法に関する審査を終えるまで同国内での事業統合を延期するよう命令を出した。こうした当時の当局の行動こそ、グラブとウーバーの事業統合の衝撃の大きさを表している。

グラブの側から見れば、顧客や運転手を激しく奪い合ってきたウーバーの東南アジア事業を取り込み、配車事業の競争環境が緩和したことは収益面で大きなプラスとなった。英調査会社ユーロモニター・インターナショナルの調査では、東南アジアの配車市場におけるグラブのシェアは2021年時点で71％と、ゴジェックなどのライバルを大きく引き離している。

ウーバーの買収は配車以外でも大きな利点があった。食事宅配事業のウーバーイーツを引き継いだことだ。当時、グラブは食事宅配事業を試験的に始めていた程度だったが、ウーバーイーツが築いた提携飲食店網とノウハウを手に入れ、一気に事業拡大に踏み切れるようになった。グラブの宅配事業を統括するデミ・ユーもウーバー出身だ。

## 過去最大のSPAC上場へ

創業以来、右肩上がりの成長を続けてきたグラブにとって、2020年に東南アジアでも感染が拡大した新型コロナは、最初の大きな試練だった。各国政府が感染抑制を目的に厳しい行動制限を課し、中核事業の配車の利用が急減したのだ。グラブの月間利用者数は2020年1～3月期の2970万人から、4～6月期には1930万人と、実に1040万人も減った。

アンソニー・タンは2020年6月16日、社員に向けて次のような書き出しのメッセージを送る。「新型コロナ危機が始まって以降、できればこのような声明を送りたくはないと思っていましたが、本日社員の5%に当たる360人を解雇しました」

ただ、その後のグラブの動きは素早かった。配車の運転手をロックダウン（都市封鎖）下で需要が急増した食事宅配の要員に回すなどして人員を効率的に再配置し、打撃を最小限に抑えた。シンガポールやマレーシアのみだった食品や日用品の宅配事業もインドネシアやベトナムなどにも広げた。利用者数は2020年7～9月期には2390万人にまで戻り、利用者が購入した商品やサービスの合計額を示す流通総額（ＧＭＶ）も、２０２０年の通年では、新型コロナ前の２０１９年並みを維持して踏みとどまった。

グラブは２０２１年４月、米投資会社アルティメーターのＳＰＡＣとの合併を通じて、米ナスダック市場に上場すると発表する。ＳＰＡＣは事業を持たない「空箱」とも言える特別目的会社で、運営者が買収先を探す。グラブのような買収先の企業にとっては、通常の新規株式公開（ＩＰＯ）よりも上場までの期間を短縮できる利点がある。

ＳＰＡＣの設立は２０２０年以降、米国で急速に増え、２０２１年前半の時点でもＳＰＡＣを使った上場ブームは続いていた。グラブの上場はもう少し先との見方もあったが、経営陣はＳＰＡＣブームにあえて乗り、株式市場を通じて多額の資金を調達して成長を加速する道を選んだ。

２０２１年４月の発表当時、上場時の資金調達額も含んだグラブの企業価値の総額は３９６億ドル（約４兆５５００億円）と見積もられ、過去最大のＳＰＡＣ上場案件となった。ただ、実際に上場した２０２１年12月時点ではＳＰＡＣへの懐疑的な見方が強まり、グラブは市場の洗礼を浴びる。上場当日の12月２日は初値こそＳＰＡＣ合併前の株価に比べて

グラブの四半期業績の推移

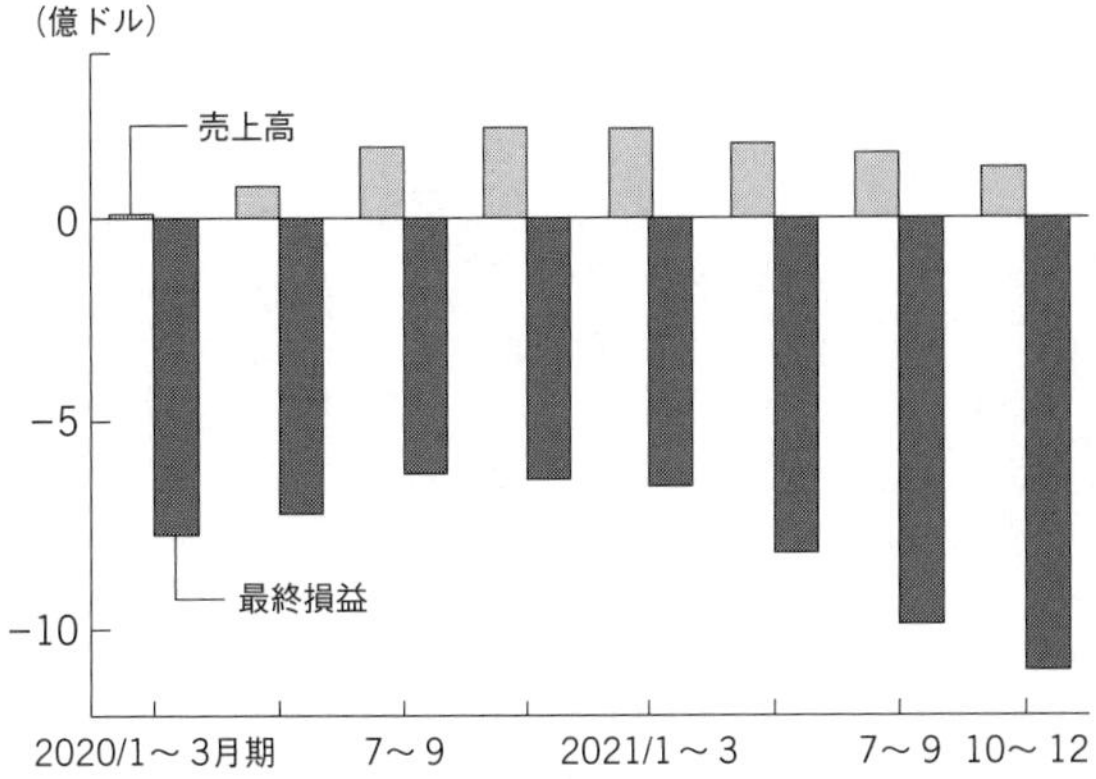


(出所) グラブ開示資料を基に筆者作成

19%高い13・06ドルを付けたが、その後は売り先行となり、終値は同21%安の8・75ドルで取引を終えた。２０２２年に入ってからは世界的にテック株への逆風が吹き、グラブの株価も下落が続いた。特に3月3日に、２０２１年10〜12月期の最終赤字が11億ドル（約１２７０億円）に上ったことを発表すると、株価はこの日だけで37%も下落した。

## 2つの宅配機能を併存させる狙い

上場によって公開会社となったグラブの主要事業は3つだ。まず起業時から継続する配車は新型コロナの感染拡大を契機とした各国の外出規制によって、利用が一時大きく落ち込んだものの、依然、消費者がグラブのアプリを日常的に使う接点となる中核の事業だ。東南アジア8カ国での運転手網やアプリ上の地図の整備など事業の基盤がすでにでき上がっており、2020年には各国での黒字化を達成した。事業の収益実態を示すEBITDA（利払い・税引き・償却前利益）を2020年の3億ドル（約350億円）から、2023年には10億ドル（約1150億円）に伸ばす計画で、その時点でもなお最大の稼ぎ頭であり続ける。

2番目の宅配は、本格的に参入したのがウーバー買収後の2018年と遅かったものの、新型コロナ下による巣ごもり需要の増加で一気に規模が拡大した事業だ。料理の宅配で消費者から選ばれるには、グラブでしか注文できない人気のレストランを幅広くそろえ、その注文を時間通りに確実に届ける必要がある。後者について言えば、グラブには配車事業で契約する多くの運転手が東南アジア各国におり、運転手が最短ルートで効率よく宅配できるネット上の地図システムもすでに整備されていた。加えて、2020年中に提携するレストラン数を数十万単位で拡大し、「屋台村の格安店からミシュラン掲載の高級店まで幅広く、グラブでしか注文できない店舗や独自メニューをそろえた」（宅配事業を統括するデミ・ユー）。

コンサルティング会社モメンタム・ワークスによると、東南アジア主要6カ国の料理宅配の取扱総額は2020年に119億ドル（約1兆3700億円）と、2019年の2・8倍に急拡大した。その半分のシェアを握ったのがグラブで、ベトナムを除く5カ国で首位となった。2021年には市場規模が155億ドル（約1兆7800億円）と2020年からさらに30％拡大したが、グラブは5割のシェアを維持した。

グラブは新型コロナが拡大した2020年以降、宅配の対象を料理だけでなく食料品や日用品にも広げた。すでに流通基盤を持つ現地のコンビニエンスストアやスーパーなどの小売店と提携し、消費者がアプリで注文した商品を、グラブの運転手が届ける仕組みだ。英ユニリーバがアイスクリームを扱うバーチャル店舗をアプリ内に開くなど、大手メーカーとも協業する。

ユニリーバとの協業は、グラブのアプリで注文を受けると、配達先の近隣にあるユニリーバの該当商品を扱う小規模店に情報が伝わり、その店で運転手が商品を受け取って消費者に配達する仕組みだ。グラブにとっては、ブランド力がある大手の商品を加えることで、より多くの消費者をアプリに呼び込める。一方、大手の食品・日用品メーカーにとっても、利用者数が多いグラブのアプリ経由で商品の売り上げを伸ばせる利点がある。

興味深いのは、同じ商品宅配でも、注文から平均で20～30分後に届ける「グラブ・マート」と、注文の翌日に商品を届ける「グラブ・スーパーマーケット」の2つの機能を同時に提供している点だ。例えば、消費者がビールをすぐに飲みたいと思ったときに少量でも短時間で届けるのがマート、一方、野菜や魚介類をまとめ買いする際に便利なのがスーパーマーケットといった具合だ。

グラブは時間軸の異なる2つの商品宅配機能を1つのグラブに併存させることで、消費者の多様な需要を総取りしようとしている。宅配事業の流通総額は、2021年には、グラブ全体の流通総額の過半を占めるようになっており、宅配事業の戦略的な重要性が高まっている。

## 1シンガポールドルから投資可能に

そして、3番目の主力事業が金融だ。2017年に電子マネー事業を最初に始めた後、融資や保険業務に参入、2020年には投資運用事業も開始するなど手掛ける分野を段階的に広げてきた。電子マネーを最初に導入した狙いは、グラブの配車サービスや加盟店での決済の際に使ってもらい、消費者のグラブのアプリの利用頻度を高めることにあった。取り扱う金融商品が拡大するに従って、消費者に金融商品を併売し、金融事業自体で収益を上げるモデルに変わりつつある。

グラブが２０２０年8月に投資商品の販売に参入した際、当時の金融事業の幹部、チャンドリマ・ダスは、「グラブのプラットフォームを使えば、消費者は1シンガポールドル（約85円）から投資できる」と説明していた。この発言はグラブの金融戦略を象徴している。

既存の銀行や証券会社で運用商品を買うと、最低投資単位が大きく、支払う手数料も高い場合が多いが、グラブの場合は少額かつ低手数料で、しかも一度設定しておけば、自動で積み立てができる。グラブが保険大手のチャブと２０２０年1月に旅行保険を販売した際も、1日当たり２・５シンガポールドル（約２１３円）から加入できる低価格を売り物にした。1件1件から得られる手数料収入はわずかながら、それを積み重ねることでまとまった利益を得る薄利多売モデルだ。

金融事業を統括するルーベン・ライは、「大手金融機関の主要なターゲットは金融資産で上位10～15％の富裕層だが、我々の顧客はその下の資産形成層だ。大手金融機関は競争相手だとは考えていない」と話す。

そのモデルをさらに推し進めたのが、銀行業への参入だ。通信大手のシンガポール・テレコム（シングテル）と組み、シンガポールで2022年中にネット専業銀行の営業を始める予定だ。ライは、「口座維持手数料など余計な手数料は取らず、誰でも銀行口座を開設できるようにする」と説明する。支店やATMを持たない強みを生かし、既存の銀行よりも高い金利を提示し、預金を集める計画だ。マレーシアでもネット銀の免許を申請しているほか、2022年1月にはインドネシアの地場銀行、アロ・バンクとバンク・ファマ・インターナショナルへの出資を決めた。アロ・バンクへの出資額は2144億ルピア（約17億円）、出資比率は約2％と高くないものの、インドネシアの銀行業への本格進出の足がかりと位置づける。

銀行業は各国ごとに認可を取得する必要があり、決済よりも多国間展開が格段に難しい。その分、一度横断的な営業網を築いてしまえば、競争上優位に立てると見て、グラブは東南アジア主要国すべてで銀行免許を取得する構想を描いている。

## 複数サービスを1つのアプリで提供する相乗効果

1つのアプリで多様なサービスを提供し、膨大な顧客基盤を獲得する例は、騰訊控股（テンセント）など中国勢が先駆けと言われる。ただ、配車、宅配、金融の各サービスを複数の国に横展開し、それぞれの国で高いシェアを得ている例は世界的に見ても珍しい。アンソニー・タンはナスダック市場への上場を発表した当日の2021年4月13日の日本経済新聞のインタビューで、「多くの投資家は我々をウーバーと（米料理宅配大手の）ドアダッシュ、（中国の金融大手の）アント・グループを足し合わせた存在だと捉えている」と主張した。こうした消費者の日常生活に欠かせない複数のサービスを集約したアプリを「スーパーアプリ」と呼び、このモデルこそグラブの強みだと強調する。

実際、複数のサービスを同時に手掛けることは、それぞれのサービスの顧客獲得コストを下げ、売り上げを相乗効果で伸ばす利点がある。グラブはこの効果を「フライホイール（弾み車）」という言葉で表現しているが、データからも多くのサービスを使う消費者ほど、グラブのアプリを使い続ける傾向ははっきりと出ている。グラブのサービスを4つ以上使う消費者の86％が1年後もアプリを使い続けているのに対し、1つのサービスしか使わない消費者の継続率は37％にとどまる。無数のアプリが市場に出回る中で、消費者のスマートフォンの最初の画面に残り続けることが決定的に重要になっている。月間利用者のうち3つ以上のサービスを使う利用者は2018年の3％から2021年には27％に高まった。多くのサービスを使う利用者ほど当然使う金額も多い。スーパーアプリ戦略は、アプリ間の競争を勝ち抜く上での中核戦略となる。

なお、このスーパーアプリ戦略は言い方や手掛ける領域は多少違うにせよ、シンガポールのシーや、インドネシアのゴジェックも志向している。特にゴジェックは、配車が最初の主要事業だった点や創業者がハーバード大経営大学院の修了生である点が共通しており、東南アジアの最大の市場であるインドネシアでグラブと激しく競い合う関係だ（第3章で詳述）。

## 強さの本質にある作り込みの深さとは？

市場にあふれるアプリの中でグラブが選ばれ続けているのは、ただ単に便利な機能をまとめたスーパーアプリを作ったからだけではない。本質はその作り込みの深さにある。

例えば、海外から出張者が東南アジアの空港に到着したとしよう。グラブのアプリをダウンロードして実感するのは、空港内の地図が細かく描かれ、自分のいる場所に運転手を呼べるため、手配した配車とはぐれる心配がない点だ。到着したばかりの慣れない広大な空港で、現地語しか分からない運転手とお互いの場所を携帯電話で延々とやり取りするといった苦労を経験することはない。街中でも通りの名前や個別のレストラン名を入力したときに、グラブのアプリならすぐに表示されるが、他のタクシー会社のアプリでは表示されず、グラブの利便性を実感する機会が多い。

これを可能にしているのは、運転手のヘルメットに取り付けたカメラなどで収集した、東南アジア中の道路や建物の膨大なデータだ。加えて、グラブのエンジニアが利用者から寄せられる苦情や改善要望を基に、地図表示の細かい改良を日々繰り返している。こうした日々の小さな積み重ねが顧客の満足度を高め、リピーターの獲得につながっている。グラブの合併相手となったＳＰＡＣ、アルティメーター幹部のクリス・コンフォルティは、「グラブの地図は非常に労力がかかっており、まねするのは非常に難しい。我々は彼らの技術力に感銘を受けた」と語る。

アンソニー・タンはこの地図データこそグラブの競争力の源泉だとして、さらに投資する姿勢を示している。上場当日の２０２１年12月2日のインタビューで、上場時に調達した45億ドル（約５１８０億円）の重点投資分野として真っ先に「地図データの精緻《せいち》化」を挙げたのだ。精密な地図は配車や宅配時間の短縮によってコスト削減をもたらすだけでなく、顧客の満足度向上にもつながる。地図データの外部企業への提供も検討しており、新たな収益源に育てる考えだという。

地域の顧客の特性に合わせたローカリゼーション（現地化）もキーワードの1つだ。例えば、グラブが事業展開する東南アジアの8カ国では、利用者が携帯電話の画面をスクロールして料理宅配のメニューを選ぶのにかかる平均時間がそれぞれ異なる。滞留時間が短くせっかちな国民性の国では簡潔な画面構成にする一方で、じっくりとメニューを吟味する傾向のある国では選択肢を多く提示する。

料理宅配のトップページのバナーやカテゴリーをどのような構成にするかの権限も各国のチームが握っており、データを基に各国の利用者を最も引きつける画面構成に組み替えている。タン・フイリンは「同じベトナムでもハノイとホーチミンでは文化や働き方が異なる」

と話し、各国一律のやり方では成功しないと強調する。

## 中小飲食店を支援するＡＩの活用方法

個々の消費者の利用履歴を基に、ＡＩ（人工知能）がお薦めの商品やサービスを提示する機能は、今や珍しくない。グラブの料理宅配の場合、過去に注文した料理の種類や価格帯といった個々の消費者のデータに加え、消費者がアプリを使う時点での料理の予想到着時間や運転手の配置状況などもＡＩが加味して、推薦するレストランを表示している。注文が多い時間帯に配達を担当できる運転手の数が少なければ、運転手が配達可能な地域を自動的に狭めていく。つまり、運転手がより近くの飲食店の注文しか担当できないようにして、効率的に配達できるように調整している。

そうなると、遠方に住む利用者は一時的に注文できなくなってしまう。だが、さばききれない注文を無理に受けて宅配が大幅に遅れ、利用者の不満を高めるよりも、注文を止めたほうが利用者にとっても、作り手のレストランにとっても良い結果になるとの判断だ。

こうしたシステムは飲食店に提供するシステムとも連動しており、飲食店の従業員が店内の客の注文の調理で手いっぱいのときに、宅配の注文受け付けを機動的に停止することができる。ある食材を切らしてしまったときは、特定のメニューの注文受け付けだけを止めることも可能だ。

グラブは飲食店に対して、日々のメニュー別の売り上げデータを分析し、売り上げが伸びるセットメニューを提案しているほか、見栄えの悪い写真をＡＩで検出して差し替えを提案するなど、中小の飲食店の経営改善を支援している。こうした販促ツールの大半を飲食店に無料で提供している。インドネシアなどでは米や麺、食用油といったよく使われる原材料の配送まで手掛け、食品卸の領域にまで事実上、踏み込んでいる。

カップケーキが看板商品で、シンガポールに5店舗を構えるカフェ、プレインバニラもグラブのシステムをフル活用する1社だ。同社のマーケティング担当者は、以前は四半期ごとの決算データを基に売り上げの傾向を分析するしかなかったが、グラブのシステム導入後はその日の売り上げデータをすぐに携帯電話で把握できるようになった。データを基に新たなセットメニューを加えたほか、グラブのアプリに広告を出して、売り上げを伸ばしている。

プレインバニラが使っているのは、利用者が特定のキーワードで検索した場合に、同社のメニューが利用者の選択肢の上位に表示される広告だ。「コーヒー」や「ベーカリー」といったカップケーキと相性の良いキーワードに連動するように設定しており、広告の効果もすぐにデータとして分かるようになっている。

例えば「40シンガポールドルの広告費用に対して、440シンガポールドルの売り上げ増加効果があった」といったメッセージが、携帯電話に送られてくるのだ。どのキーワードを使えば注文の増加につながるかが一目瞭然で、担当者は「グラブのツールはマーケティングの仕事に自信を与えてくれる」と満足な様子だ。

グラブが重視するのは、テクノロジーによって顧客や運転手、提携する飲食店の利便性を高めることであり、それによってライバル企業に対する競争優位を築くことだ。その実働部隊となるのが、エンジニアやデータサイエンティスト、ＡＩの専門家などからなる技術チームだ。

グラブは本社のあるシンガポールだけでなく、東南アジアのジャカルタ、クアラルンプール、ホーチミン、さらには米シアトル、中国・北京、インド・ベンガルール、ルーマニアのクルジュ・ナポカの世界8都市に研究開発センターを置いている。世界各地から優秀な人材を採用するためで、技術チームの人員は2018年時点で1800人と、2017年から1年で倍増していた。その後、情報開示をやめたため、それ以降の人員の推移は不明だが、事業規模の拡大に比例して、エンジニアの数はさらに増えている可能性が高い。

技術チームが取り組むのはアプリの使い勝手の改善といった短期的な課題ばかりではない。数百に上る東南アジアの言語や方言のデータを集め、言語情報を解析するといったテーマにも取り組んでいる。こうしたAIの活用は将来の新サービスの種となる可能性があり、グラブのスケールの大きさを象徴するエピソードとも言える。

## 孫正義は「メンター」、トヨタも巨額出資

グラブが成長を続けるのに比例して、グラブに出資したいという企業が世界中から集まってくるようになった。米マイクロソフト、中国配車アプリ大手の滴滴出行（ディディ）、韓国の現代自動車と挙げていけばきりがないが、グラブが最も関係が深いのは日本企業だ。明らかになっているものだけで、約10社の日本企業がグラブに投資している。

アンソニー・タンは日本企業との資本面や戦略面での提携を重視する理由について、次の

ように語っている。「まず日本は戦後、政府間のつながりも含め、東南アジアと深い関係を築いてきた。第2に私自身が武士道など日本的な考え方に親しみがあること。グラブも現場主義やカイゼンといった日本の経営理念の影響を受けている。そして何より、日本の投資家は3カ月先の利益は気にせず、30年先といった長期的ビジョンで投資するため、我々の将来性を理解してくれるからだ」

アンソニー・タンに経営哲学を聞くと、〈現場・現物・現実を重視する〉「サンゲンシュギ（三現主義）」といった日本語が頻繁に出てくる。タン・フイリンも2019年に来日した際の日本経済新聞とのインタビューで、ハーバード大経営大学院で竹内弘高教授の授業から受けた影響を力説していた。グラブの日本企業や日本的経営とのかかわりは、こうした2人の創業者の思いと切っても切り離せない。

中でも最も関係が深いのが、孫正義会長兼社長が率いるソフトバンクグループ（SBG）だ。SBGはグラブが会社設立から4年目の2014年12月に実施した4回目の資金調達（総額2億5000万ドル〈約290億円〉）で資金の出し手になって以来、2016年9月の6回目（同7億9000万ドル〈約910億円〉）、2017年7月の7回目（同20億ドル

〈約2300億円〉）、上場前の最後の資金調達となった8回目（同62億ドル〈約7130億円〉）のいずれの資金調達にも主要投資家として参加した。出資比率は上場前の時点で21・7％に達していた。

SBGが投資を続けている間、グラブは赤字を出し続け、2018年から2020年の最終赤字額だけで計92億ドル（約1兆600億円）に達していた。3年間で1兆円規模の赤字を出すスタートアップへの追加出資にひるむどころか、逆にアクセルを踏むことができる投資家は世界的に見てもSBG以外にほとんどいない。別の表現を使えば、SBGのような巨額の資金供給者がバックについていたからこそ、グラブは起業から10年で400億ドル（約4兆6000億円）近い企業価値の評価を獲得できた。

そんなSBGの孫に対し、アンソニー・タンは尊敬の念を隠さない。孫のことを「メンター」と呼び、「将来を見据えた視点、投資した企業への徹底的な指導、仕事への真摯《しんし》な取り組みなどの面で尊敬している」と話す。ちなみに、熱心なキリスト教徒のタンにとって、もう1人のメンターはイエス・キリストなのだという。

日本の製造業を代表する企業であるトヨタ自動車も2018年に10億ドル（約1150億

円）を出資し、その後幹部を派遣した。トヨタが出資したのは、配車という新しいビジネスへの理解を深め、トヨタ自身の新たなサービスの開発に生かす理由からだ。そのために、グラブに多くのトヨタ車を提供し、車両に搭載したデータ収集端末を通じて、走行データを収集している。1日中使われる配車サービス用の車両は通常の車両より5倍の走行距離があるため、より頻繁に車両を整備する必要がある。その分、通常の車両とは異なるデータが手に入る。

他にも、約7億ドル（約810億円）を出資する三菱UFJ銀行が金融分野での協業を進めるなど、日本企業の大半は戦略的な提携を求めて出資している。

今でこそ日本でも名前が知られるようになったグラブだが、日本企業が本格的に資金を投じ始めた2017年ごろは、まだウーバーの東南アジア事業を買収する前で、企業規模もずっと小さかった。その頃に1000万ドル（約11億5000万円）を出資したあいおいニッセイ同和損害保険でアジア戦略を統括する建守進は、社内で出資の承認を得る作業が「苦労なんてものではなかった」と振り返る。

「ライドシェアって白タクのことか？」「毎年、膨大な赤字を垂れ流すスタートアップへの出資なんてありえない」。建守は役員に根回しの説明に回る度に、猛反対にあった。それでも根気強く意義を訴えたのは、グラブとの提携を足がかりに、ネット接続可能な端末を使って自動車の車両にサービスを提供する「テレマティクス」事業を東南アジアで展開する狙いがあったからだ。

何とか出資にこぎ着けた後、あいおいニッセイ同和はグラブの運転手が急ブレーキを踏む回数などを分析し、運転手の事故のリスクが減れば、運転手に奨励金を与えるプログラムを開発した。集めたデータを基に、シンガポールの地区別に事故が起きるリスクも算出した。あいおいニッセイ同和はグラブとの提携で蓄積したノウハウを、インドネシアやフィリピン、インドでの自動車保険に活用する計画だ。

## 高い成長スピードを維持できるか

2011年の会社設立からわずか10年で米国上場を実現したグラブは、今後もこれまでと同じスピードで成長を続けていけるのだろうか。スタートアップから長期に安定した事業基盤を持つ企業に脱皮するには、まず黒字化が最大かつ喫緊の課題となる。

グラブの弱みとして多くの関係者が指摘するのが、いわゆるキャッシュカウ（安定収益源）の不在だ。事業の実態を示すＥＢＩＴＤＡを見ると、確かに配車は２０２０年に3億ドル（約３５０億円）の黒字に転換した。上場発表時の計画では、２０２１年には宅配事業が黒字化、２０２３年には会社全体でもＥＢＩＴＤＡが黒字転換する計画だった。

ただ、グラブには事業別の損益以外の部分で、大きなコストがある。まず「地域コスト」と呼ばれる各事業に振り分けられない共通部分のコストで、例えばＡＩを活用した技術開発などがこれに該当すると見られる。

この地域コストのＥＢＩＴＤＡは２０２０年に6億ドル（約６９０億円）の赤字で、配車の3億ドルの黒字を帳消しにするどころか、会社全体のＥＢＩＴＤＡの赤字（8億ドル）の主因となっている。配車事業が恩恵を受けている技術開発などの費用を、配車のＥＢＩＴＤＡの計算には反映していないために、配車事業が表面上、黒字になっている可能性もある。利用促進のために消費者や運転手に多額の補助金を支払い続けており、配車が安定した収益を生むビジネスに育ったと言い切れるかも、依然不透明だ。

第２章で詳しく解説するシーも巨額の最終赤字を計上し続けている点では同様だが、グラブとの違いは主力3事業の1つ、ネットゲーム事業のＥＢＩＴＤＡが大幅な黒字で、キャッシュカウになっている点だ。シーの２０２1年末時点の時価総額は約１２００億ドル（約13兆８０００億円）とグラブ（約２６０億ドル〈約2兆９９００億円〉）の5倍近くあったが、キャッシュカウの有無が、両社への投資家の評価に表れている。

さらに、ＥＢＩＴＤＡは投資家が本業の収益力を見極めるための指標であるため、計算の際に借入金の利払いや不採算事業の償却に伴う費用などが除かれる点にも注意する必要がある。

グラブの場合、このＥＢＩＴＤＡ外の費用が大きい。積極的な資金調達によって次々に新サービスを立ち上げてきたため、利払いの負担やうまくいかなかった事業の後処理費用が膨らんでいるのだ。２０２０年の実績を見ると、3事業に地域コストを加味したＥＢＩＴＤＡがまず8億ドルの赤字で、それに加えて利払い費用が14億ドル、償却費用が4億ドル発生し、最終損益は27億ドル（約３１００億円）の巨額の赤字になっている。上場を果たした２０２1年の最終赤字額は35億ドル（約４０００億円）とさらに膨らんだ。

グラブは、東南アジアのデジタル経済は今後も高い成長を続けるため、配車や宅配市場で高シェアを維持し続ければ、数年後に全体のＥＢＩＴＤＡは黒字化すると説明してきた。しかし、シェア維持のために消費者や提携する飲食店に多額のプロモーション費用を支払い続けており、東南アジアの市場が拡大してもグラブの収益性が改善するとは限らない。仮にグラブの計画通りに数年後にＥＢＩＴＤＡが黒字になっても、最終損益は赤字から脱却できていない可能性がある。

## 収益改善の方策とギグワーカー問題

グラブも手をこまぬいているわけではない。電子マネーをはじめとするグラブの金融サービスを使う店舗をさらに増やし、「(アプリ内で完結する) グラブ経済圏」以外からの収入割合を高めようとしている。手数料なしで分割払いができる後払いサービス「ＢＮＰＬ (バイ・ナウ・ペイ・レイター)」の導入は収入拡大のための手段の1つで、提携店舗の拡大に懸命だ。グラブの電子マネーで暗号資産 (仮想通貨) の購入もできるようにし、消費者の新たな需要をすかさず取り込もうともしている。

２０２１年12月にはマレーシアの高級スーパー、ジャヤ・グローサーを買収するとも発表した。各国の地元スーパーと提携して食品や日用品の宅配を手掛けてきたグラブは、自ら小売り事業に参入することで、宅配の品ぞろえを強化し、利益率を高めようとしている。米ネット小売り最大手のアマゾン・ドット・コムが米国で高級食品スーパーを買収したように、アプリからだけでなく、リアルの店舗でも収益拡大を狙う。

グラブには2000万人を超える利用者がおり、東南アジアで人々の日常生活に欠かせないプラットフォーマーとしての地位を確立しつつある。グラブが手数料の値上げに踏み切っても、消費者は他社ににわかに乗り換えることが難しくなっており、グラブは採算の改善を目的に消費者に新たなコストを課す手段を行使できる立場にある。

実際、グラブは2020年12月から、シンガポールで配車1回の利用の度に0・3シンガポールドルの「プラットフォーム手数料」を徴収し始めた。日本円にしてわずか25円程度だが、1日の利用回数は膨大なため、グラブの手元にも少なくない金額が毎日入ってくる。グラブはプラットフォーム手数料の3分の1を運転手の待遇改善に、3分の2を安全やサービスの維持・向上のために使うと説明している。これまでは別の収入からこうした費用を捻出していたわけで、配車事業の収益改善効果は大きい。2021年4月には、シンガポールの宅配事業のプラットフォーム手数料も1回当たり0・2シンガポールドルから0・3シンガポールドルに引き上げた。

運転者や提携するレストランの経営者など、グラブのサービスの担い手は東南アジア8カ国で900万人を超えている。グラブはこれまで「東南アジアの全人口の70人に1人に収入を得る機会を提供している」（タン・フイリン）と、自らの事業の社会的な意義を強調してきた。確かに、平均所得が低いインドネシアやフィリピンといった国では、運転手になればすぐに日銭が稼げるグラブのプラットフォームは就業の選択肢を広げる役割を果たしている。運転手の銀行口座の開設や保険加入を支援し、福利厚生の向上に力を入れてきたとも説明する。

だが、こうしたグラブの主張はいつまで社会で受容されるだろうか。配車の運転手のようなネットを介して単発の仕事を請け負う「ギグワーカー」の不安定な労働環境は、世界各地で社会問題になっている。例えば、英国の最高裁判所は2021年2月、ウーバーの運転手は従業員だと認定したことを受け、ウーバーは同年3月に英国の約7万人の運転手を「労働者」として扱い、最低賃金を保証すると発表した。

東南アジアの中で平均所得の高いシンガポールのリー・シェンロン首相は2021年8月、「低賃金労働者、特に宅配の運転手の過酷な労働環境を懸念している」と、グラブなどの社名を挙げながら問題提起し、ギグワーカーの保護策を検討すると発言した。注文金額の30％程度とされる飲食店向けの高額な宅配手数料についても、飲食店側の不満は根強い。

グラブのようなプラットフォーマーへの風当たりが東南アジアでも強まれば、グラブは運転手への報酬を増やしたり、提携する飲食店から徴収する手数料を引き下げたりせざるをえなくなり、収益が悪化する可能性がある。

グラブはテクノロジーを通じて、東南アジアの人々が経済的に豊かになる機会を提供することを企業の使命としている。その存在や影響力が強まるにつれて、消費者や運転手のような労働者に成長の果実を分配すべきだとする社会の圧力も強まっている。

# 第　2　章

## シー
## ――「東南アジアのアマゾン」の実力

## 時価総額23兆円の「アジアン・ドリーム」

第1章では、かつて「東南アジアのウーバー」と呼ばれていたグラブが、本家のウーバーの東南アジア事業を買収し、配車以外にも事業を拡大していく成長過程を見てきた。この章で取り上げるシーは、米中の巨大企業になぞらえて、「東南アジアのアマゾン」とも「東南アジアの騰訊控股（テンセント）」とも呼ばれる急成長企業だ。

シーの源流は租税回避地（タックスヘイブン）として知られるケイマン諸島に２００９年５月８日に設立されたガレナ・インタラクティブ・ホールディングという持ち株会社だ。現会長兼グループ最高経営責任者（ＣＥＯ）のフォレスト・リーらが創業し、本社をシンガポールに置く。創業から8年後の２０１７年4月に東南アジア（Southeast Asia）にちなんでＳｅａ（シー）に社名を変更。その半年後の同年10月にニューヨーク証券取引所に上場し、２０２１年10月には時価総額が一時、２０００億ドル（約23兆円）にまで膨れ上がった。

今や進出地域は現社名の由来となった東南アジアだけでなく、中南米、欧州にまで広がる。中国で生まれ、米国の著名大学院で経営学修士号（ＭＢＡ）を取得し、今はシンガポール国籍を取得するフォレスト・リーは、アメリカン・ドリームならぬ「アジアン・ドリーム」を体現した存在で、その人生とシーの成長はアジア経済のダイナミズムを象徴する。

## なぜ新興のゲーム配信会社が事業を拡大できたのか

ありふれたスタートアップの1つに過ぎなかったシーが、創業から10年余りで東南アジア最大の時価総額を持つ企業に成長できたのはなぜか。アマゾンやテンセントに擬せられるシーの特色はどこにあるのか。新たな国・地域や事業に進出しても発表せず、記者やアナリスト泣かせで知られるこの企業の強さを解明するため、まずはゲーム、ネット通販、金融の主要3事業の特徴に触れていきたい。

ゲーム事業はシーが創業後、最初に手掛けた事業だ。当初は人気ゲームの版権を買い付けて配信するプラットフォームが中心だった。実績の乏しい新興のゲーム配信プラットフォームが、事業を拡大する上で大きかったのが、中国のネット大手でゲームを主力事業の1つとするテンセントとの親密な関係だ。

創業者のフォレスト・リーによると、まだ社員数が20人にも満たない創業期にシンガポール経済開発庁（ＥＤＢ）から紹介され、それがテンセントによる出資につながった。テンセントは２０１９年１月時点で、シーの株式の33・４％を保有する筆頭株主だった。その後、複数回の増資やテンセント自身による持ち分の売却で出資比率は低下傾向にあるが、２０２２年３月末時点でも大株主としての地位を維持している。テンセントの人気ゲームを東南アジアで優先的に配信できたことが、初期の顧客獲得に大きく寄与した。

ただ、テンセントの後ろ盾を得たことは、シーの躍進の理由の１つに過ぎない。シーの優れた点は、ライセンス契約を交わした世界の人気ゲームを、各国のゲーム利用者の嗜好に合わせて現地化するノウハウにある。開発企業に代わってゲームを現地の言語に訳し、各国の規制に合わせて内容を改変するほか、各国独自のコンテンツも加えて、利用者が受け入れやすい内容のゲームを配信する。

さらに、ゲーム対戦競技「ｅスポーツ」の大会も各国で開き、中核となるファンの育成とゲーム人口の裾野の拡大を図っている。自社の課金システムも提供し、ゲームの開発企業が東南アジアで事業基盤を持たなくても、シーのプラットフォームを使って売上高を伸ばせるようにしている。シーに配信を依頼すれば、東南アジアで利用者を増やせるとの評価が高まり、それが人気ゲームの域内での独占配信契約につながる好循環を生んだ。

## 世界人口の1割弱、7億人が利用

配信プラットフォームとしての評価を高めたシーの次の転機となったのが、2017年に発売した自社開発ゲーム「フリーファイア」だ。50人のプレーヤーが生き残りをかけて戦うバトルロワイヤルというジャンルに属するこのオンラインゲームは、シーにとって最初の、そして2022年3月時点でも唯一の自社開発商品だ。発売から5年が経過しても、世界で最もダウンロードされるゲームの1つであり続けている「お化けゲーム」だ。

これまで1本のゲームも世に問うてこなかったシーがいきなり最初のゲームで成功したのは、配信プラットフォームの運営で得た知見や洞察を基に、東南アジア市場の特性に合った仕様を施したからだ。

まず、通信環境が悪い地域や安価なスマートフォン（スマホ）しか持たない新興国の若者でもスムーズに楽しめるように、背景などにリアリティーを出しつつ、画像の作り込みはそ

シーが開発して大ヒットしたゲーム、フリーファイア（シー提供）

ここにしてデータ量を抑えた。また、これまでのバトルロワイヤルゲームの多くは1回の対戦が終わるのに20～30分かかったが、東南アジアのゲーマーの多くは隙間時間にゲームをしていると分析し、10～15分で完結するようにした。

各国の有名人をゲームのキャラクターに登用するなどして、現地化も進めた。例えば、インドネシアでは一時期、利用者の半分以上が現地の人気俳優、ジョー・タスリムのキャラクターを使ってフリーファイアを楽しんだ。フリーファイアは南米やインドでも人気ゲームになったが、新興国の若者の特性を知り尽くしていることがシーの大きな強みになっている。

シーはゲームのダウンロード自体は原則無料で、武器などのアイテム購入に課金するフリーミアム

（Freemium）と呼ぶ事業モデルをとる。自社開発のフリーファイアと他社開発のゲームの合計の利用者数は、2021年7～9月期に前年同期から27％増え、7億2900万人に達した。実に世界の総人口の1割弱がシーのプラットフォームを利用している計算だ。そのうち13％に当たる9320万人は課金アイテムを購入し、シーにお金を落としている。ゲームはシーのドル箱の事業になっており、2021年の調整後EBITDA（利払い・税引き・償却前利益）は27億8000万ドル（約3200億円）に上る。

シーは2020年1月にはカナダのゲーム開発企業フェニックス・ラボを買収。中国などに750人を超えるゲーム開発者を抱えており、フリーファイアに続く人気ゲームの開発を目指している。

## 後発のネット通販が成功した4つの要因

2つ目の主力事業であるネット通販事業「ショッピー」をシーが立ち上げたのは、ゲーム事業が軌道に乗った後の2015年6月から7月にかけてだ。インドネシア、ベトナム、タイ、フィリピン、マレーシア、シンガポールの東南アジア主要6カ国と台湾でほぼ同時にショッピーを開始したが、当時、東南アジアのネット通販業界は、後に中国のアリババ集団傘下に入るラザダなどの有力企業が大きなシェアを持っていた。

新興のネットゲーム企業だったシーが成功すると考えていた人は少なかったが、各国で毎年、着実にシェアを拡大。マレーシアの情報収集サイト、アイプライスによると、参入から5年後の2020年7～9月期には月間の平均訪問者数が東南アジア主要6カ国すべてで首位になった。2019年以降に進出した中南米地域なども含めた注文受け付けの総件数は、2021年10～12月期には20億件に達した。前年同期比で90％増のペースで伸びており、事業開始から6年がたった時点でも高成長を維持している。

後発だったショッピーが成功した主な要因は4つある。まず、スマホの利用者が使いやすいネット通販サイトをいち早く構築したことだ。創業者のフォレスト・リーは、「ショッピーを始めた2015年当時は東南アジアでスマホの浸透率が上昇し始めた頃だった。我々は当時から携帯電話経由の注文がいずれ主流になると考え、スマホ向けのサイトデザインに注力した」と語る。当初はパソコン向けのサイトを持っていなかったほどだった。

当時、ライバルのネット通販大手の注文の大半はパソコン経由で、彼らはパソコン用サイトの延長線上でスマホ向けサイトを構築していた。ただ、東南アジアの地方では、携帯電話は持っていてもパソコンを持っていない人も多く、ネット通販が多くの消費者に浸透しない一因となっていた。スマホで操作しやすいサイト作りに集中したことが、初期の利用者獲得につながった。

東南アジアのネット通販に革新を持ち込んだのは、サイトのデザインだけではない。2つ目の要因として、当時主流だった自社で在庫を抱えて商品を販売する方式でなく、各国の中小事業者がショッピーに出店するマーケットプレイスのモデルを採用したことがある。当時は目新しい形式だった。上場する前のシーはまだ規模が小さく、卸売業者から商品を買い取って自社で販売する資金力にも乏しかった。ショッピーというネット上の「売り場」を東南アジアの中小事業者に提供することで、多様で大量の品ぞろえを短期間で構築することに成功した。

3つ目の要因として、集中する分野を定めるカテゴリーマネジメントに長けていることがある。当初注力したのはファッションや美容・健康関連商品だった。これらの分野は携帯電話や電機製品などに比べ単価が低く、流通総額（GMV）が稼げないことから、当時は多く

シーを創業したフォレスト・リー（筆者撮影）

の総合ネット通販業者が軽視しがちだった。一方で、単価が低い分、若年層の利用者が集まりやすい利点がある。特に流行に敏感で、SNS（交流サイト）での情報発信力もある女性を取り込んだことは、ショッピーの知名度を引き上げるのに大きく寄与した。ファッションや美容・健康商品は利益率が高いため、出品する中小企業から手数料を得やすい側面もあった。

最後の4つ目は、ネット通販が東南アジアより先に浸透した中国の大手のマーケティング手法を学び、取り入れたことだ。中国のアリババ集団などネット通販大手が11月11日の「独身の日」にちなんで実施する大規模セールを模倣しているのはその代表例だ。

ショッピーの広告は、「ショーピー、ピ、ピ、ピ、、、」といった耳に残る単純なキャッチフレーズを連呼する点に特徴がある。こうした単純明快な宣伝をあらゆるメディアを使って繰り返すやり方も、中国の大手が採用する手法だ。ショッピーは映像で商品を解説して販売するライブコマースも東南アジアでいち早く導入したが、これも中国で先に普及した手法だ。

これら4つの要因一つ一つはシーによる発明と言えるものではないが、シーが他社と違うのは、これらを進出するすべての国・地域で徹底的にやり切ることだ。創業者のリーに近い関係者によると、シーはインドネシアのトコペディアなどライバルのネット通販大手の売れ筋商品を常にチェックしており、少しでもショッピーより安い商品があると、ショッピーの出品商品の価格を割引クーポンなどを使って引き下げるという。こうした地道な積み重ねが利用者数と出店企業を増やし、継続的な利用と新たな利用者を呼び込む好循環を作り出している。

## 中南米に進出する背景

東南アジアで首位の座を固めたシーは、域外への進出を加速している。2019年後半に最初にブラジルに進出した中南米市場では、2021年2月にメキシコ、同年6月にはチリとコロンビア、2022年1月にはアルゼンチンと、着々と進出国を広げている。「アディダスのスニーカーが65％引き」「無線ヘッドホンが49％引き」。2021年9月9日にブラジルで実施されたショッピーの「9・9」セールの手法を見ると、東南アジアで確立した成功パターンを中南米にも忠実に移植しようとしているのが分かる。この日もブラジルでは大量の広告が投入され、SNSはショッピーの宣伝一色となった。多様な割引クーポンを配布した効果で、「9・9」セールの2カ月前の2021年7月には、同国のアプリ配信の「アップストア」でのダウンロード回数が、人気SNSのワッツアップやインスタグラムを抜いて首位に立った。

東南アジアとは地理的に離れた中南米を第2の主力市場と位置づけるのは、潜在的な成長性の高さゆえだ。例えば、米フェイスブックなどの調査では、ブラジルの小売り全体に占めるネット通販の割合は2021年時点で8％。東南アジア（9％）と同様に、米中ほどネット通販市場が成熟しておらず、将来の拡大余地が大きい。さらに2026年までの年平均のネット通販の流通総額の伸び率は20％と、東南アジア（14％）を上回る見通しだ。

中南米は、各国でアルゼンチン発の大手メルカドリブレが一定のシェアを持つほか、米アマゾン・ドット・コムも投資を強化している。しかし、アマゾンが圧倒的な力を持つ北米市場ほどネット通販市場のシェアは固定していない。シーのような新興勢力でもまだ参入できる余地が残されていると言える。シー幹部は、「中南米市場は（他社との競合が少ない）ブルーオーシャンだ」と話す。

自社開発のゲーム、フリーファイアの人気が高い地域であることも理由の1つだ。特に有料アイテムを購入する若い消費者が多く、ゲームとネット通販の相乗効果が見込める。シーの年次報告書によると、２０２０年12月期時点の売上高44億ドル（約５０６０億円）のうち、18％を中南米市場が占める。２０１９年の13％から貢献割合は高まっており、すでに東南アジア（64％）に次ぐ存在に育っている。これまではゲームの課金収入が中心だったが、２０２１年以降は本腰を入れているネット通販の売り上げが大幅に伸びる見通しで、中南米の売上比率がさらに高まる公算が大きい。

東南アジア、中南米市場に次ぐ布石もすでに打っている。２０２１年9月後半にポーランド、10月中旬にはフランス、スペイン、インドでショッピーのサイトを立ち上げ、販売を開始した。いずれの国でも無料の配送料といった低価格を前面に打ち出しており、コストを度外視して、まずはシェアを取りにいく戦略が透けて見える。

## 黒字化できる日はいつ来るのか

ただ、戦線を急速に拡大する分、コストも膨らみ、黒字化のメドは立っていない。2021年10〜12月期のネット通販事業のEBITDAは約8億8000万ドル（約1010億円）の赤字だった。約15億ドル（約1730億円）の売上高に対し、販売・マーケティング費用だけで約8億4000万ドルに上っており、新たに進出した地域での知名度向上を目的とした広告費用がかさんでいることが分かる。例えば、インドでは米ウォルマート傘下の地場フリップカートと米アマゾンの2強が激しいシェア争いを繰り広げており、そこに割って入るには上位2社以上に資金をかけて、シェアを奪っていく必要がある。予想通り2強の壁は厚く、ショッピーは2022年3月末に前年10月の進出からわずか5カ月で撤退を決めた。同時期に進出していたフランスからもあっさりと撤退した。2021年末以降、株価の下落が続いたため、拡大一辺倒だった戦略の修正を余儀なくされている。

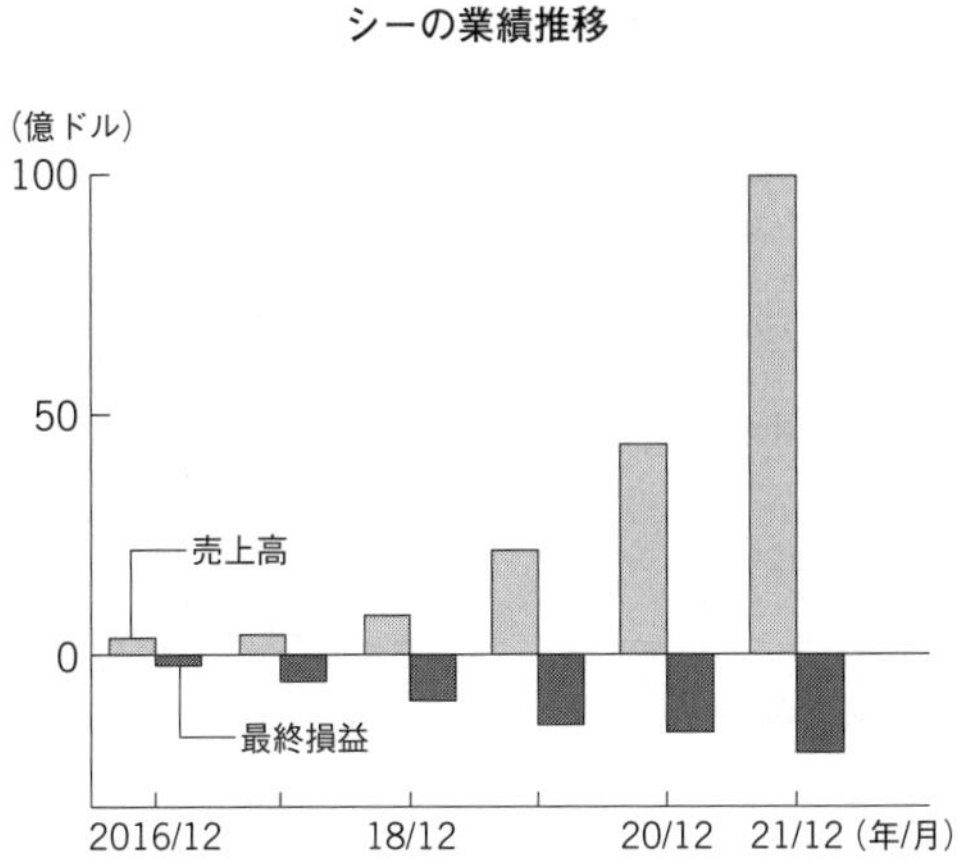


（出所）シー開示資料を基に筆者作成

首位の東南アジアとて決して盤石ではない。インドネシアのネット通販大手、トコペディアは同国の配車大手ゴジェックと経営統合し、規模で対抗しようとしている（第４章参照）。中国市場での成長が鈍化するアリババ集団は、傘下のラザダを通じて東南アジアでの事業を強化している。ショッピーの進出国・地域が増えれば増えるほど経営資源が分散し、東南アジアにこれまで通りの費用や人員を割けなくなる恐れもある。

ＣＥＯのフォレスト・リーは２０２０年９月にインタビューした際、「新たな顧客を獲得するためのマーケティング費用を減らせば、いつでも黒字化できる」と主張した。ただ、マーケティング費用をかけなくても高シェアを維持できる日がいつ来るのか、またそんな日が果たして来ることがあるのか、疑問を抱く投資家も増えている。

シーも収益改善の手をこまぬいているわけではない。DBS銀行のアナリストによると、ショッピーは2020年9月、インドネシア、ベトナム、台湾で出店業者から徴収する手数料率の引き上げに踏み切った。例えばベトナムでは1～2%だった手数料率を3～5%に変更した。台湾に続いて、マレーシアのネット通販事業も2021年4～6月期に黒字転換しており、ブランドがすでに浸透した国・地域では安定した利益が見込める環境ができつつある。

## 金融事業で狙うもの

3番目の主力事業は金融だ。金融事業はもともと自社のゲームやネット通販サイトで、自前の決済手段を提供する目的で始まった。利用者が他社のクレジットカードを使わずにシーの電子マネーを使えば、決済に伴う収益が外部に流出しないだけでなく、金融取引のデータを蓄積できる利点もある。

シーが志向するのは単なる決済だけでなく、ゲームやネット通販の顧客に様々な金融サービスを提供するビジネスモデルだ。そのために、東南アジアで銀行免許の取得に相次ぎ乗り出している。インドネシアで地場のＢＫＥ銀行を傘下に収めてシーバンクに名称を変更したほか、シンガポールでも２０２０年末にネット専業銀行の免許を取得しており、２０２２年中に事業を始める計画だ。マレーシアでも地元勢と組んで、ネット専業銀行の免許を申請した模様だ。

決済や銀行といった金融事業に力を入れるのは、第1章で取り上げたグラブや、第3章、第4章で説明するゴジェックとトコペディアが統合したＧｏＴｏ（ゴートゥー）グループも同じだ。この3グループがプラットフォーマーとして別格の存在と言える理由の1つは、ネットでモノを買ったり、サービスを利用したりする際に必ずついて回る決済や送金を押さえていることだ。

消費者のスマホには数多くのアプリが登録されており、消費者に頻繁に利用してもらうにはスマホの先頭画面に常に表示してもらう必要がある。金融を含めて複数の主力事業があれば、消費者に選んでもらいやすいし、他のサービスの利用を誘発する相乗効果も見込める。

3グループは既存の大手銀行が主導してきた金融秩序を崩す役割を担うと同時に、ライバルとして金融分野でも顧客を奪い合っている。

ゲーム、ネット通販、金融の主要3事業に比べると、規模は小さいが、2021年3月には投資子会社シー・キャピタルを通じて、投資事業にも参入している。同年9月にメキシコの中古車ネット販売のカバック、10月には暗号資産（仮想通貨）交換所運営のFTXトレーディング、11月にはブロックチェーン（分散型台帳）技術を使ってゲーム企業に決済手段を提供するフォルテに出資した。シーが手掛けるゲームや金融事業と関連の深い企業や進出地域が重なる企業を主な投資対象として、投資事業に10億ドル（約1150億円）を振り向ける計画だ。

## 株価下落が問う経営陣の真価

新型コロナウイルスの感染拡大で、世界的に巣ごもり消費が増えた追い風を受け、シーは2021年まで急成長を続けてきた。時価総額も爆発的とも言える伸びを達成した。しかし、2022年に入って世界のハイテク株の下落が顕著になり、東南アジアのテック株の代表格であるシーの時価総額も3月には一時、500億ドル（約5兆7500億円）程度と、ピークの2021年10月の4分の1に落ち込んだ。

株価の下落は、それ自体がシーの成長にブレーキをかける要因となる。シーは株高を利用して、2020年12月に日本円換算で3000億円超の、2021年9月には約8000億円の巨額の資金調達を実施している。世界の投資家が集まるニューヨーク証券取引所に上場する利点を生かした資金調達力が、ライバルを上回るスピードで投資を続ける原動力となり、売上高やシェアの増加がさらなる投資資金を呼び込む好循環が続いてきた。株安によってこの好循環がひとたび逆回転し出すと、赤字の継続を嫌気した投資家のマネーが離れ、十分な資金を確保できなくなるリスクが高まる。

かつて赤字が続いていた米アマゾンはテクノロジーや物流施設整備などに資金を投じ、未来の利益のための赤字という意味合いが大きかった。一方、シーのネット通販の赤字は、シェア拡大のための安売り戦略や広告宣伝費の重さが招いている面が大きい。シーの最終赤字額は2021年12月期に過去最大の20億ドル（約2300億円）にまで膨らみ、安定した収益を稼いできたゲーム事業も、2021年後半になって利用者の伸びの鈍化が見られるようになった。シーの経営陣は成長と収益性の両面に目配りしなければならなくなっている。

## 創業者を変えたスタンフォード大の経験

最後に、わずか創業から10年余りでシーを東南アジアで時価総額最大の企業に育てた、創業者でグループCEOのフォレスト・リーの人生について触れたい。2021年3月時点でシーの株式の25%を持つリーは、米誌フォーブスの2021年版のシンガポール長者番付で5位に入った。長者番付に掲載時点の資産の時価評価額は159億ドル（約1兆8300億円）に達していた。

リーは1977年に中国の天津市で生まれ、上海交通大学を卒業した。卒業後、米通信機器大手モトローラの現地法人に就職したが、大企業でこのままキャリアを重ねることに疑問が芽生え、米国への留学を志した。

留学先のスタンフォード大学のMBAプログラムが彼の人生を変えた。彼は2020年9月の日本経済新聞のインタビューで、「留学前は正直言って、起業についてよく理解していなかったが、スタンフォードでビジネスマンやスポーツマン、政治家や非政府組織（NGO）

関係者など、多くの人の経験に触れる機会を得て、起業家精神が育まれた」と語った。

中でも感化されたのが、米アップル創業者のスティーブ・ジョブズだ。リーは、ジョブズが2005年にスタンフォード大の卒業式で行った伝説のスピーチの場に居合わせた。自身が卒業したのはその翌年の2006年だが、後に妻となる恋人の卒業式に同席していたのだった。

「ハングリーであれ。愚か者であれ」と語りかけたスティーブ・ジョブズの演説からリーは「自分の心に正直であれ」とのメッセージを受け取った。起業の決意を固めるため、その後しばらくは1日に2~3回、ジョブズの映像を見ていたという。その頃の彼を間近で見ていた日本人がいる。クレディセゾン専務執行役員の森航介だ。MBAプログラムで同期だった森は、リーともう1人のクラスメートの3人でルームシェアをしており、授業のプロジェクトも一緒に行う仲だった。

森はリーが大学近くのマンションで、スティーブ・ジョブズだけでなく、中国の偉人の立志伝を読みあさっていたのを覚えている。「私と同じで、クラスの中で成績が良かったわけではなく、当時はもやもやしていたように思う」。卒業後、恋人を追ってシンガポールに移住したリーは、2009年、共同創業者のガン・イー、デビッド・チェンとシーの前身のガレナ・インタラクティブ・ホールディングを設立する。

## 「フォレスト」の名に込められた思い

今でこそゲームとネット通販、金融の主要3事業が確立しているシーだが、初期から事業の道筋が固まっていたわけではなかった。関係者によると、男女の出会いの場を提供するマッチングアプリのような事業を構想したこともあったという。

フォレスト・リーの名前である「フォレスト」は本名ではない。上海で大学生をしていたときに映画「フォレスト・ガンプ　一期一会」を見て感動し、それ以来、主人公の名前である「フォレスト」を名乗るようになった。「私は常に、自分の周囲の人のほうが私より賢いと思ってきた。この映画によって、仮に私が最も賢い人でなかったとしても、充実して成功する人生の道はあるのだと気づかされた。この映画が私に希望を与え、私はフォレスト・ガンプのように生きたいと思った」。2020年9月のインタビューでは、そう率直に語った。

シーは東南アジアだけでなく、中南米や欧州にも進出するプラットフォーマーに成長したが、フォレスト・リーとガン・イー、デビッド・チェンの３人の共同創業者が幹部にとどまり、重要事項に関与する体制は変わっていない。リーの事業の成長に対する強い思いと３人の共同創業者の結束の強さが、あまたある東南アジアのスタートアップの中で飛び抜けた存在になった根本的な要因だろう。

米ブルームバーグ通信によると、株価の低下が続いた２０２２年３月、リーは従業員に次のようなメールを送った。「株価の下落で、あなたはシーの将来を心配しているかもしれません。しかし、恐れる必要はありません。これは長期の潜在的な成長を実現するために耐えなければならない一時的な痛みなのです」

東南アジアを代表するスタートアップに成長し、投資家の期待と圧力が一段と強まる中で、リーの経営手腕の真価が問われている。

# 第　3　章

# ゴジェック
## ——社会を変えて「インドネシアの誇り」に

## インドネシアを変えた2つのスタートアップ

この章では、インドネシア最大のスタートアップ、ゴジェックについて、その誕生から最近の動きまでを取り上げたい。

ゴジェックは2021年5月、インドネシアのネット通販大手、トコペディアとの経営統合を発表した。ゴジェック（Gojek）とトコペディア（Tokopedia）の頭の2文字ずつをとって、持ち株会社の名前をＧｏＴｏ（ゴートゥー）グループとした。

序章で概観した通り、この2社はインドネシアを代表するユニコーン（企業価値が10億ドル〈約1150億円〉以上の非上場企業）で、ゴジェックは世界に40社前後しかないデカコーン企業（企業価値が100億ドル〈約1兆1500億円〉以上の巨大スタートアップ）でもある。このデカコーンのリストには、ＴｉｋＴｏｋ（ティックトック）を運営する北京字節跳動科技（バイトダンス、中国）や、イーロン・マスクが設立した宇宙企業、スペースＸ（米国）など、世界の巨大スタートアップが名を連ねる。トコペディアも統合発表直前にはデカコーン予備軍と言える資金を集めていた。

ＧｏＴｏは２０２２年4月、インドネシア証券取引所に上場し、シンガポールのグラブに続いてユニコーンを卒業した。創業から約10年、事業を本格展開してからわずか数年で、企業価値で日本の楽天グループやサイバーエージェントを超える規模の企業が新興国であるインドネシアで生まれたことになる。

さて、このゴジェックとトコペディアの両社は、スタートアップとして世界的に見ても規模が大きいだけでなく、インドネシアの社会を大きく変えた企業としても注目に値する。その社会的意義はほとんど革命的と言ってもいい。ゴジェックやトコペディアが成長軌道に乗り始めた２０１５年ごろから、インドネシア人の生活は大きく変わった。それは首都ジャカルタや第2の都市スラバヤなどの大都市にとどまらず、地方の小都市まで波及しつつある。

この章と次の章では、ゴジェックとトコペディアの社会に与えた影響にも注目しながら、両社の生い立ちやその成長について見ていきたい。

## ジャカルタが4年で大きく変わった点

インドネシアと聞いて、どのようなイメージを持つだろうか。多くの人はバリ島のリゾートをイメージするのではないか。あるいは、世界史の教科書にも出ている世界遺産、ボロブドゥール寺院や東部・コモド諸島にのみ生息するコモドドラゴン（コモドオオトカゲ）を思い浮かべる人もいるだろう。「南の島」というイメージで、いずれにせよ、一般に近代的なビルが建ち並ぶ大都市という印象はあまりないのではないか。

だが、そんなイメージとは裏腹に、インドネシアは経済成長を続ける東南アジアの経済大国だ。世界4位の2億7000万人が、1万7000の島に暮らす。液化天然ガス（LNG）や石炭、ニッケルなどの鉱物資源が豊かな資源国で、国内総生産（GDP）の規模は世界16位。有力な新興国として、東南アジアで唯一G20にも加盟する。2億7000万人の大きな消費市場を狙って、日本企業も多数進出している。

新型コロナウイルスの感染拡大で、経済成長は一時的に減速しているが、国際通貨基金（IMF）やアジア開発銀行（ADB）によれば、新型コロナが終われば成長軌道に戻ることが見込まれている。プライスウォーターハウスクーパース（PwC）が新型コロナ感染拡大前の2017年に出した「World in 2050」という未来予測では、インドネシア経済は2050年に購買力平価ベースで世界4位まで成長する。その後、世界で浮上した脱炭素やデジタル化などの課題には応えなければならないが、21世紀に世界の経済大国に成長する可能性を秘めた国だ。

そんなインドネシアで今、スタートアップ、特にテック企業が大きな注目を集めている。その中心選手が、ゴジェックとトコペディアだ。この両社がいかに革新的な企業なのか。まず、個人的な体験を交えてその変化を見ていこう。

筆者（鈴木）は2012年9月から約半年間、経済産業省主催のインターンシップに参加し、インドネシア商工会議所（KADIN）でインターンシップに参加した。

2012年9月、初めて見たジャカルタの町は高層ビルが光り輝く大都会で、「南の島」というイメージとのあまりの乖離《かいり》に驚いた。ファストフードから高級レストランまで、日用品から高級ブランドまで、ジャカルタで手に入らない物は何もなかった。そんな中で東京との大きな違いを感じたのは、世界最悪とも評される交通渋滞に代表される交通システムの脆弱さと、通信環境の貧弱さだった。

特にひどかったのは交通だ。地下鉄のようなMRT（大量高速輸送システム）は首都ジャカルタにはまだ存在せず、道路には自家用車や二輪車があふれていた。激しい渋滞が常態化し、移動時間はまったく読めなかった。自宅から職場までたった3キロメートル弱ほどの道のりに2時間ほどかかることもあった。雨が降ると、タクシーを捕まえるのに1時間以上かかることもしばしばだった。

そして、外国人にとってタクシーは「危険な乗り物」だった。当時、メーター料金を採用していたタクシーは最大手のブルーバード社以外には数社しかなく、ぼったくりは当たり前。駐在員の間では「ブルーバード以外は乗るな」ということが半ば常識となっていた。支払い手段も現金のみ。運転手がおつりを持っていることはまれで、常に5000ルピア(約40円)や1万ルピア(約80円)紙幣を用意しておく必要があった。

2016年、2度目のジャカルタ滞在が始まる。渋滞は4年前と変わらなかったが、大きく変わったことがあった。それは、スマートフォン(スマホ)でバイクタクシーなどを呼んでいる姿が目に付くようになったことだ。ジャカルタ中心部では、スマホを片手にゴジェックのドライバーを待つ人が多く見られた。買い物でも変化が出始めていた。トコペディアを中心とするネット通販が静かに離陸を始めていたのだ。

## 社会問題解決のための起業

ゴジェックとトコペディアの2社はともに2010年ごろに誕生し、2015年ごろから本格的な成長を遂げたテック企業だ。両社に共通するのは、インドネシアの社会問題を解決することが起業の原点であることだ。詳しくは後述するが、ゴジェックは交通サービスの改善や貧困の解消がサービスの原点だ。トコペディアは小売業の地域間格差の解消を志したサービスだった。

もう1つ、両社の際立った特徴を挙げるとすれば、それは万人向けのサービスを構築したことだ。

マーケティングの教科書的な言い方をすれば、途上国ではBOP（ベース・オブ・ザ・ピラミッド）ビジネスが定石の1つだ。人口ピラミッドの下層に属する低所得者層をターゲットに「広く、浅く」商売をする方法だ。一方で人口の数%しかいない、ほんの一握りの富裕層向けに「狭く、深く」サービスを提供する戦略もある。ただ、この両者が一体化した万人向けサービスというのは意外に少ない。

ゴジェックは「社会のすべての層の人が使える稀有《けう》なサービスだ」（同社の加盟店担当責任者、リュウ・スリアワン）。同じことはトコペディアにも言える。「商業の民主化」をミッションとして掲げる同社のサービスは、金持ちだろうと貧乏人だろうと、誰もがスマホを使って平等に物を売り買いできる。

次節以降、2億7000万人のインドネシア人全員を包み込んだ、巨大スタートアップの成長の軌跡を見ていこう。

## 創業者が実演した食事の宅配

ここで正直に告白しよう。筆者（鈴木）は2016年4月のジャカルタ赴任当初、ゴジェックという会社の革新性に気がついていなかった。ジャカルタ支局の同僚はすでにゴジェックに注目して取材していたが、私は「インドネシア版のスマホでタクシーを呼ぶサービスに過ぎない」と思い込んでいた。言い訳をすれば、インドネシアで注目を集め始めていた企業とはいえ、あの時代にゴジェックが世界的な巨大テック企業に育つと見ていた人は少数派だったと思う。

ゴジェック創業者で、最高経営責任者（CEO）だったナディム・マカリムとの出会いは意外な形で訪れた。

2016年5月23日の夜、ジャカルタ中心部の高級ショッピングモール、パシフィック・プレイスにあるカフェ、ザ・グッズ・カフェでジョコ政権の閣僚らと会食した。次の日に大統領のジョコ・ウィドドとのインタビューを控えていて、彼の「働く内閣」の主要閣僚に政権の課題を聞くのが目的だった。外務相のルトノ・マルスディ、教育相でジョコ・ウィドドの腹心の1人だったアニス・バスウェダン（現ジャカルタ州知事）、民間出身の通信・情報相、ルディアンタラらが集まって、日経とグループのフィナンシャル・タイムズ（FT）の記者と率直な意見交換を行った。その場に新進気鋭の若手経営者という触れ込みで、少し遅れてやってきたのがナディムだった。

小柄で割とラフな服装だったという記憶しかないが、はっきりと覚えているのは、彼がその場でゴジェックのサービスの1つであるゴーフード（GoFood）のサービスを実演してみせたことだ。ゴーフードは屋台を含む飲食店で、ドライバーが買い出しをして自宅やオフィスまで宅配してくれるゴジェックの中核サービスだ。

彼はスマホを取り出すと、「今から、大統領の息子が経営するマルタバック（インドネシア風お好み焼き）をここに配達させてみるよ」と言った。15分後、緑色のライダージャケットを着たゴジェックの運転手がマルタバックを持って、パシフィック・プレイスのカフェに現れた。

彼が私たちの目の前で実演してみせたゴジェックは、その直後の2016年8月、インドネシアで初のユニコーンに成長した。

**「ゴジェックは配車サービスではない」**

ゴジェックは2010年にナディィムが創業した。当時はコールセンターでバイクタクシーを配車するサービスで、実質的に現在のサービスが始まったのは2015年にアプリを配信してからだ。

ゴジェックは利用者の観点から見ると、二輪車や自動車の配車、外食の宅配、荷物の配達、電子マネーを中心とする金融サービスなどを1つのアプリで提供するサービスだ。第1章で取り上げたグラブとサービスがよく似ていて、実際に両社はインドネシアやシンガポールなどで直接競合する。当初は配車を中心としたサービスだったので、日本語では英語のRide Hailingを訳して「配車サービス」と呼ばれる。

配車サービスと言えば、米ウーバー・テクノロジーズがその代表だ。ウーバーは2009年に米国で誕生した。アプリで配車する点はゴジェックもウーバーも同じだが、前出のリュウ・スリアワンは、「ウーバーのマネではない」と断言する。「アプリを使うという点はウーバーを参考にしたことは確かだ。ただ、サービスは全然違う」。その証左となるのが、ゴジェックが遅くとも2015年のアプリ配布開始時に、すでに配車だけでなく外食の宅配などにも対応していたことだろう。ウーバーが料理宅配サービス、ウーバー・イーツに注力するのは少し後のことだった。

ナディム本人の言によれば、ゴジェックの発想の原点はインドネシアのバイクタクシー、オジェック（Ojek）だった。オジェックはインドネシアで1970年代からあり、ゴジェックやグラブが浸透するまでは、街中で「OJEK」と手書きされた看板をよく見かけたものだ。

オジェックは渋滞に巻き込まれる心配が少なく、急ぎの用事には重宝する交通手段ではあったが、利用者からすれば、値段は交渉制で不透明だった。一方、オジェックの運転手にとっても、タクシーの営業圏をさらに細分化したような細かな縄張りがあり、運転手は特定地域でしか客を取れない。営業圏外まで客を乗せた場合には、営業圏内まで帰らないと次の客を乗せられなかった。仕事は少なくて不安定で、1日中、バイクの横で寝転がって過ごすような運転手も多くいた。

米系コンサルタント企業のジャカルタ支店で働いていた頃のナディムは、街中の移動でよくオジェックを使っていて、問題点をよく認識していた。彼は、「このオジェックを効率化できれば、消費者にも運転手にも利益になる」と考えた。では、どう効率化するのか。いつでもどこでも客を取れるようにして、待機時間を短くする。人だけではない。荷物も運ぶことで、運転手の仕事を増やすのが近道だ――。

ナディムは、2019年5月の日本経済新聞のインタビューで、ゴジェックの設計思想について次のように語っている。「ゴジェックを配車サービスと呼ばないでほしい。ゴジェックは時間のない人が時間のある人から時間を買うサービスなのだから」と話した。忙しい消費者が、時間のあるバイクタクシーの運転手から時間を買って、移動や買い物のサービスを受ける——。ゴジェックはこのユニークな思想の下に誕生した。

## ナディムがハーバード大で出会った仲間たち

ここで、創業者のナディム・マカリムについて少し触れておきたい。ナディムは著名なインドネシア人弁護士の息子として、1984年7月4日、シンガポールで生まれる。いわゆるエリート層で、裕福な家庭に育った。インドネシアの多くのエリートがそうするように、彼も米国の大学に学んだ。米ブラウン大学を卒業後、米コンサルティング会社のジャカルタ支店で働いているとき、前述のオジェックの効率化というヒントを得る。

ただ、すぐに起業するのではなく、2009年に米ハーバード大学経営大学院に入学したことが、彼のその後の人生を決定づける。社会起業に関する教育に力を入れていたハーバード大に通うことで、母国インドネシアの社会問題を解決するためのビジネス展開を志すようになった。ハーバード大での滞在で、しかし、最も重要だったのは、東南アジアのスタートアップを牽引する友人たちと出会ったことだ。

現在はゴジェックに合流したリュウ・スリアワンは、ナディムより1年早くハーバード大

ゴジェックの創業者、ナディム・マカリム（photo by Getty Images）

経営大学院の門を叩いていた。彼はインドネシアの不動産・IT（情報技術）大手、ミッドプラザ・グループの御曹司で、自らは日本のベリトランス（現DGフィナンシャルテクノロジー）と合弁で、インドネシア初の本格的なオンライン決済会社、ミッドトランスを起業した。

ナディムの同級生にはアルディ・ハリヨプラトモもいた。彼はルマというスタートアップを起業し、まだ誰もフィンテックという言葉を使っていなかった2009年に、マパンという名称でテクノロジーを使った少額融資サービスを始める。一時期はインドネシア初のユニコーンに成長する企業ではないかと注目された。

ミッドトランスとルマは2017年、ゴジェックに合流した。リュウはゴジェックで利用店開拓などを担当する部門のトップに就任する。アルディはゴジェックの電子マネー、ゴーペイ（GoPay）部門のトップに就いた。アルディはその後、ゴジェックを離れ、今ではスタートアップのメンターとして、インドネシアで起業家育成に力を入れている。

ハーバード大時代の仲間はもう1人いた。そう、ナディムのライバルとなるグラブの共同創業者兼CEOのアンソニー・タンだ。

## 因縁のライバル、グラブとの激しい戦い

「グラブはゴジェックのコピーだ」

「オリジナルは我々だ」

東南アジアの同業、グラブがインドネシア市場に本格的に参入すると、ナディムはグラブを強く意識した発言を繰り返した。遠慮がちで奥ゆかしい物言いをすると思われがちなインドネシア人にしては、異例の強い発言だ。前述の通り、グラブ創業者のアンソニー・タンは同じ時期にハーバード大で経営学修士号（MBA）を取得し、顔見知りだった。

この2人は因縁浅からぬ関係だ。同じ東南アジア出身、ハーバード大のMBA、ほぼ同時にほぼ同じサービスの企業を創業した。両社はコーポレートカラーまで同じ緑だ。もともと最初期の段階で、ゴジェックとグラブを統合して一緒に事業をやる計画があったとも噂されるが、ゴジェックをよく知る関係者によると、グラブが資金調達に成功したことでこの話は立ち消えになったという。

ゴジェックはインドネシア初のユニコーンだ。インドネシアでは、上場企業も含めて10億ドル超の企業価値や時価総額を持つ企業はそう多くない。ただ、金融機能などが整った隣国のシンガポールに拠点を置くグラブと比べると、資金調達面ではやや後塵《こうじん》を拝していた感は否めない。ライバルのグラブは、ソフトバンクグループのソフトバンク・ビジョンファンドやトヨタ自動車などから多額の資金を呼び込んで事業拡大につなげていたのに対して、ゴジェックは比較的小ぶりな資金調達にとどまっていた。ナディムはやや自嘲気味に、「起業したとき、我々は銀行に2000万ドル（約2億3000万円）しか持っていなかった。ライバルは2億5000万ドル（約290億円）持っていた。（中略）我々は『負け犬』だった。いや、それ以下だったかもしれない」と言う（2019年5月の日本経済新聞インタビュー）。

一方で彼は、「支配的な株主がいないことで、経営陣が会社の運命を完全にコントロールできる」とも語っていた。投資家から圧力を受けることなく、経営の『自治権』を持っているのが強みだ」としていたが、彼が去った後のゴジェックは投資家からの圧力に翻弄されたようにも見える。彼がゴジェックを退任した後の経営や、トコペディアとの経営統合の経緯については第4章で詳しく述べたい。

ゴジェックとグラブは、資金調達面だけでなく、事業でもインドネシアで激しく競り合っていた。両社の勢力争いはほぼ全事業に及ぶ。生活にかかわるすべてのサービスを1つのスマホアプリにまとめるスーパーアプリ戦略をとる両社が、東南アジア最大経済のインドネシアで激しくぶつかり合うのは必然だった。

祖業と言える二輪車や自動車の配車に関しては、当初、ゴジェックがインドネシアで優位に立っているとされていた。だが、2018年3月にグラブがウーバーの東南アジア事業を買収すると、インドネシアでの勢力図にも変化が現れる（第1章参照）。ゴジェックやグラブなどは個別の利用実績などを明らかにしていないが、インドネシア運輸当局の内部資料を基に推計すると、2018年当時のインドネシアにおけるウーバーを含む3社の利用シェアは、ゴジェックの45・5％に対してグラブが45・1％だった。3社で見ればゴジェックがやや優位に立っているが、ウーバーの9・4％がグラブに加算されれば、グラブがゴジェックを逆転する構図だ。

次の成長分野だった電子マネーなどの金融事業でも、当初、ゴジェックのゴーペイが優位とされていたが、グラブはインドネシアの大手財閥、リッポー・グループが始めた電子マネーサービス、ＯＶＯ（オボ）に出資して激しく巻き返した。

２０１８年には、グラブのシンガポール本社で決済サービス、グラブペイ部門を率いていたジェイソン・トンプソンがＯＶＯの最高経営責任者（ＣＥＯ）に就く。その後、豊富な資金力を背景に、30％還元といった大胆なポイント戦略をとって、決済額ベースでインドネシアトップの電子マネーサービスに成長した。ＯＶＯにはトコペディアも出資し、インドネシアで5番目のユニコーン企業となった（ＯＶＯの詳細については第8章参照）。

## グラブとの競争がもたらしたもの

インドネシアでグラブの激しい攻勢が続いた。東南アジア8カ国に展開するグラブにとっても、インドネシアは最大市場で、この市場での成否が会社全体の成功に深くかかわるからだ。

実際にグラブ創業者兼CEOのアンソニー・タンは頻繁にジャカルタを訪れている。アジア有数の若手経営者として富と名声を集めるアンソニー・タンだが、「格好は気にしない」（グラブ関係者）。格安航空会社（LCC）に乗り、ラフなTシャツ姿でジャカルタ中心部の庶民的なホテルに泊まる姿がよく目撃されていた。特に、OVOに出資して主要株主になってからは、「週1回に近いペースで現れて、幹部とのミーティングを繰り返していた。アンソニーが来て、会社が攻めの姿勢に変わった」（OVO関係者）という。この関係者は、なりふりかまわずインドネシア市場を落とす、並々ならぬ意気込みを感じたそうだ。

2018年ごろには、ゴジェックとグラブの争いは全面戦争の様相を呈していた。競争が激しくなるにつれ、ゴジェック創業者、ナディム・マカリムの発言もヒートアップしていき、先に紹介した発言にもつながっている。ただ、彼は、「日本経済新聞」がベトナムの首都ハノイで行ったインタビューに対してこうも述べている。「グラブとの競争がなければ、ここまで我々が大きくなることはなかったことも事実だ」

起業後、忙しくて話すことも少なくなったというナディム・マカリムとアンソニー・タン。お互いの会社が成長した今、ハーバード大の同級生の2人が会ったら、何を語り合うのだろうか。

## 「インドネシアの誇り」となったゴジェック

2019年4月11日。5年に一度の大統領選挙の選挙戦最終盤のこの日の夜、現職大統領のジョコ・ウィドドはジャカルタ北部アンチョールのホール、エコベンション・パークで開かれたゴジェックのイベントに出席した。接戦の大統領選の最終盤という貴重な時間になぜゴジェックのイベントを訪れたのか。その背景を分析すると、ゴジェックを含む配車サービスが政治をも動かす力にまで成長したことが見てとれる。

ジョコ・ウィドドが参加したのはゴジェックの優秀ドライバーの表彰式だった。配車実績やサービス満足度の評価などでドライバーを表彰するイベントだ。おそらく、人生でおよそ表彰とは無縁だったであろうゴジェックのドライバーたちのまたとない晴れ舞台だった。数千人のドライバーが無料で招待され、人気歌手やバンドが演奏するにぎやかな式典はテレビでも生中継された。

ジョコ・ウィドドは登壇すると、「ゴーフードを使ったことがある」と話した。すると、会場から「自分がボゴール宮殿（大統領の住居）までサテー（焼き鳥）を届けた」という男性ドライバーが名乗り出た。投票の呼びかけなど選挙に関する発言は一切なかったが、インドネシアの最高権力者が親しげにドライバーと話す姿は、集まったゴジェックの運転手たちに「ジョコウィ（ジョコの愛称）は自分たちの味方だ」と思わせるには十分すぎる演出だった。

イベント前に開かれた記者会見には、スペシャルゲストとしてジョコ・ウィドドの最側近である海事担当調整相（現海事・投資担当調整相）のルフット・パンジャイタンが参加し、「ゴジェックはインドネシアの誇りだ」と持ち上げた。彼はゴジェック運転手の緑色のユニホームを着て記者会見に登壇するサービスまで見せた。

確かに、歴史上、インドネシアの主要産業のほとんどは外国企業がもたらしたものだった。かつて産油国だった時代の主役はロイヤルダッチ・シェルやシェブロン、エクソンといった石油メジャーだったし、新車販売市場はトヨタ自動車や三菱自動車など日本勢が9割超を占めている。インドネシア人の青年が自国で世界有数のＩＴ企業を立ち上げたことは、

ゴジェックの記者会見に登壇したルフット・パンジャイタン（真ん中）とナディム・マカリム（後列左から3人目）（筆者撮影）

インドネシア人に大きな自信を与えたことは確かだ。

政治家がこぞってゴジェックに近づくのは、単に革新的で「インドネシアの夢」を実現したからだけではない。ゴジェックの庶民への影響力はすでに無視できない規模になっているからだ。ゴジェックの公称ドライバー数は２０２１年初めの段階で約２００万人。正確な数字は不明だが、すでに２０１９年ごろでも１００万人超と言われていた。インドネシア自動車製造業者協会によると、代表的な製造業である自動車産業の従事者が１５０万人だから、ゴジェックの運転手の規模がいかに大きいかが分かる。

## 配車サービス禁止を覆した男

政治家たちがゴジェックを利用しただけではなく、ゴジェックも政治家からの支持を利用した側面がある。特に規制の問題では、ジョコ・ウィドドをはじめとする有力政治家の支持が成長を始めたばかりのビジネスを既得権益から守った。

ゴジェックの祖業の配車サービスは、多くの国で違法すれすれのグレーゾーンにあるサービスだ。とりわけ、個人が持っている自動車をアプリで呼んで対価を払うサービスは、国によっては「白タクシー」として処罰の対象になりかねない。日本もそうだが、多くの国ではタクシー車両は当局への登録が必要で、運転手も乗客を乗せるための特別な免許を必要とする国が多い。

インドネシアでもタクシーの仕組みは同様で、タクシー業界からは「無免許の運転手が客を乗せることは安全性の面でも問題がある」といった問題が提起された。車両が登録されて許可を受けたドライバーが運転しているからといってタクシーが安全だとは必ずしも言い切れないが、ゴジェックやグラブが行っている自動車の配車サービスは、確かにインドネシアの交通関連法規に抵触している可能性が高かった。

配車サービスを規制しようという動きは初期の頃からあった。2015年12月には、運輸省が配車アプリによるサービスを禁止する通達を出した。タクシー業界を中心とする既存の運輸業界からの強い反発を受けてのものだ。スマホを活用する配車サービスの命運はその最初期に潰えたかに見えた。

だが、それに待ったをかけた男がいた。インドネシア・ナンバーワン、そう、他ならぬ大統領であるジョコその人だ。彼は通達について、「誰のための規制なのだ」と当時運輸相だったジョナン・イグナシウスを呼び、強く叱責した。

多くの庶民に運転手という新しい仕事を生み出したゴジェックのような配車サービスを使えなくすることは、庶民の生活を豊かにするというジョコ政権の大方針に反していたからだ。ジョナンは法に従っただけで、ある意味、被害者だったが、任命権者でもある最高権力者からの厳しい叱責を受けて、通達を撤回する。その後、インドネシアは事実上、配車サービスを容認する方向で規制を見直した。この撤回がなければ、ゴジェックが巨大スタートアップに成長することはなかった。その意味で、通達を撤回させたのはジョコのファインプレーと言える。

## 政治力に頼る諸刃の剣

最大市場であるインドネシアで政治にすり寄ったという点では、ライバルのグラブも同じだ。前述した通り、創業者兼CEOのアンソニー・タンはしばしばジャカルタを訪れて、閣僚らと会談を重ねた。2017年1月には、インドネシア国家警察長官だったバドロディン・ハイティをインドネシア法人のコミサリス会（監査役会）会長に据える。ゴジェックと比べて資金力で勝るグラブは、インドネシアへの投資を強調し、海外からの投資に飢えていたジョコ政権の歓心を買おうとした。

グラブは2017年2月、ジャカルタ中心部の高級ホテル、プルマン・ジャカルタで記者会見を開いた。「Grab for Indonesia」と題されたこのイベントで、2020年までに7億ドル（約800億円）をインドネシアに投資すると発表した。研究開発センターの設置や起業家支援のファンド設立・運営などに充てる。ITなどの高度産業の育成や、人材開発といったジョコ政権が課題に挙げるポイントを押さえた発表だった。インドネシアの伝統衣装バティックを着て登壇したアンソニー・タンは、「インドネシアのデジタル経済への移行を促進する投資だ」とインドネシアの発展に貢献していく姿勢を何度も強調した。

２０１９年7月29日には、ソフトバンクグループの総帥、孫正義がアンソニー・タンやトコペディアの創業者兼ＣＥＯのウィリアム・タヌウィジャヤを引き連れて、ジャカルタ中心部の大統領宮殿でジョコ・ウィドドと会談した。その席で孫正義は、グラブを通じてインドネシアに20億ドル（約２３００億円）を投資するという計画をぶち上げたほか、同国に第２本社を作るとまで表明した。もっとも、２０２２年3月現在、グラブはインドネシアで第２本社という名称は使っていない。

ゴジェックやグラブの激しいロビー活動もあって、配車サービス規制は事実上骨抜きになり、両社はほぼ自由にサービスを展開できるようになった。両社のロビー活動が奏功したことはもちろんだが、何より、遅くとも２０１８年初めごろには、両社のサービスがインドネシアの都市生活で欠かせないものになっていたことが大きい。この市民に定着しつつあった快適なサービスが政治の手で奪われれば、批判の矛先が政権に向かうことは明らかだった。

ジャカルタで行われた運転手の抗議デモ（2018年3月27日）（筆者撮影）

運転手の数を背景にした政治力は、しかし、諸刃の剣でもある。運転手による待遇改善の抗議活動も激しくなっている。配車サービスに携わる運転手の労働組合も結成された。２０１８年３月27日には、首都ジャカルタの大統領宮殿前で１０００人以上が集まる大規模な抗議デモも開催された。大統領のジョコはデモの代表者と会い、「企業側と話して解決策を見つけたい」と応じた。ゴジェックなど企業側も運転手の待遇改善を約束せざるをえず、業績の重荷になる可能性がある（ギグワーカーの保護は第９章でも取り上げる）。

## 突如、教育相に就任した衝撃

2019年10月23日。その日は突然やってきた。同年4月の大統領選挙で勝利し、2期目の政権を発足させた大統領のジョコ・ウィドドは、その目玉人事として、インドネシアを代表する若き経営者、ナディム・マカリムを教育・文化相に任命したのだ。就任時の年齢は35歳。ジョコが重視していたミレニアル世代からの登用となった。そして、規定により大臣は民間企業との兼業はできないため、ナディムはゴジェックのCEOを辞した。実にあっけない退任劇だった。

数日前からそうした噂は流れていた。そして、当日、ナディムは白いワイシャツ姿で大統領宮殿に入っていく。「ナディムが大統領宮殿に入っていった」。大統領宮殿の入り口付近で閣僚人事をウオッチしていた記者たちに緊張が走る。ジョコが自らの宮殿にナディムを呼び込んだということは、彼が閣僚に就任することを意味したからだ。

ゴジェックというインドネシア最大のスタートアップを一から育てたナディムだけに、産業振興、とりわけデジタル政策というジョコ政権2期目で重要になる政策の担当が適任に思われた。デジタル担当相や通信・情報相など様々なポストの噂が出たが、数時間後、記者団の前に姿を現した本人が口にしたのは、少し意外な教育相のポストだった。

なぜ、教育相だったのだろうか。ナディムが同日、ゴジェックの従業員に送った電子メールに理由の一端を垣間見ることができる。

ナディムは、「物事を良くしようという欲求以外には何も持たなかった」ゴジェックが、2019年までの9年間で、インドネシアや東南アジアの「幅広い人々の生活を真の意味で改善するテクノロジー企業」に成長したと、これまでのゴジェックの旅路を振り返った。その上で、就任の理由をこう記した。

「この旅の次の論理的なステップは何だろうか。ゴジェックはタレントを求めている。もしインドネシアが今後、高品質なタレントをもっと多く生み出すとすれば、この国の教育システムに変革を起こさなくてはならない。ちょうどゴジェックが2010年にジャカルタの道端で始めたような変革だ。学校や教育機関は未来の経済の要求に対応する必要がある。だから、私は教育・文化相の辞令を受けることにした。それは私がやるべきことだと知っているからだ」（ナディムが従業員にあてた電子メール、2019年10月23日付）

大統領のジョコは2期目の政権発足に際して、人材開発を最重視していた。1期目の5年間で規制緩和や投資手続きの簡素化を進め、インドネシアに外資を呼び込む政策を推し進めた。次のステップとして、彼は産業界の要請に応えられる人材の開発を重視する。そして、早くからナディムに目を付けていた。再選を決めた2019年4月にはすでにナディムに接触している。

ジョコ政権はゴジェックについて、労働者のデジタル化のモデルケースと見ている。ゴジェックの運転手の大半はインフォーマル経済に属する人たちだった。勤め人のように毎月決まった月給をもらうわけではなく、オジェック（バイクタクシー）の運転手として細々と生活費を稼ぐ低所得者だ。ゴジェックは彼らにスマホを与え、いわばデジタル武装させる。スマホを使って数百万の運転手の所得を向上させた手腕を、ジョコは高く評価していた。

インドネシアの労働人口の1割近くがいまだに小学校卒で、中卒以下を合わせれば過半を占める。教育を改善して、産業界に貢献できる人材を生み出す。途方もなく大きな社会問題の解決に向けて、就任当時35歳だったナディムは動き出した。

ナディムが教育相に転身した後、社長だったアンドレ・スリスツヨと共同創業者に名を連ねるケビン・アルウィが共同ＣＥＯに就任した。就任の記者発表文で、事業は「これまでと変わらない」と発表したが、実態としては、創業者のナディムが去ると時期を同じくして、スーパーアプリという理想よりも、採算性という現実を重視した戦略に転換している。

ゴジェックにとって最も大きな変化はサービスの縮小だ。マッサージ師を自宅に呼べるサービスや、家事代行系のサービスをたたんだ。

創業者ナディムがゴジェックを去った時期は、ちょうどユニコーンの真の価値に疑念が向けられ始めた時期でもある。「支配的な株主がいないので、経営の自主性が保たれている」と豪語していたゴジェックも投資家の意向にはあらがえず、サービス拡大一辺倒から、選択と集中という、ある意味では企業として当然の方向に大きく舵を切ったのだ。

# 第　4　章

# トコペディア

## ——大型統合で「GoTo」が誕生

## 「負け犬」が巨大ネット通販を育てる

第3章では、ゴジェックが巨大スタートアップになる軌跡を創業者、ナディム・マカリムの発言などとともに見てきた。ナディムは日本経済新聞のインタビューで「負け犬」からスタートしたと話したが、インドネシアにはもう1人、「負け犬」からの挑戦で成功をつかんだ男がいる。ネット通販大手、トコペディアの創業者兼CEOのウィリアム・タヌウィジャヤだ。時は2009年。インドネシアでインターネットを使う人がまだほとんどいなかった時代に、トコペディアはジャカルタで静かにその産声を上げた。

創業者のウィリアムは、ゴジェックのナディムとは対照的な人生を歩んできた。出身は首都ジャカルタではなく、スマトラ島北部の小都市、プマタンシアンタールだ。父親は工場労働者で、ごく一般的な家庭に育った。東南アジアのスタートアップ経営者の多くが裕福な家庭に生まれ、米国やオーストラリア、シンガポールなどへ留学しているのに対して、彼はジャカルタにある地元有名私大の出身だ。大学入学のためスマトラ島からジャカルタのあるジャワ島に出る際には、飛行機ではなく、「ボートに乗って4日間かけてジャカルタに到着した」（ウィリアム）という。

ウィリアムは、大学時代にアルバイトをしていたネットカフェで、インターネットにどっぷりとはまる。そして、どこにいても世界とつながることができるネットの可能性を肌で感じ、ネットを使ったビジネスを志すようになった。

「トコペディア（Ｔｏｋｏｐｅｄｉａ）」――インドネシア語で店舗を意味する「Ｔｏｋｏ（トコ）」に事典を意味する「Ｐｅｄｉａ（ペディア）」を付けた――は、いわば、ネットを使ったインドネシアの店舗の百科事典だ。どこに住んでいようと、モノを自由に売り買いできる。ネットでたくさん店を集めて、そんな「当たり前」をネットで実現するためのサービスを彼は考え出した。インドネシア版のアマゾン・ドット・コム、アリババ集団と言える会社だ。

起業の背景には、ウィリアムが子ども時代にスマトラの小都市に住んでいたがために、欲しいものが買えなかったという原体験がある。彼は、「小さい頃、本を買うのに、（州都のメダンまで）車で何時間も行かなければならなかった。だから、全国どこにいても、同じようにモノが買えるようにしたいと思った」と話す。

トコペディアの創業者、ウィリアム・タヌウィジャヤ
(photo by Getty Images)

これは、消費者だけでなく、モノを売る人にも当てはまる。良い商品を作っていても、首都ジャカルタなどの消費地と物理的に距離があるという理由だけで、商売が成り立たなくなる。そういった事態をなくしたい。トコペディアが創業時から掲げる「商業の民主化(democratization of commerce)」という壮大なテーマはここに生まれた。

だが、まだインドネシアでネットがほとんど普及していない時代に、資金もコネもない若者がスタートアップを立ち上げることは困難を極めた。「投資家には何度も、『君がやっても無理だよ、あきらめろ』と言われた」と本人が話すように、起業の資金を集めるだけで2年もかかった。

トコペディアに登録する店の数はなんと600万に達する。日本でアマゾンに出店する中小規模の事業者の40倍近い数字だ。ジャカルタやスラバヤ、メダンなどの大都市だけでなく、ティア2、3と呼ばれるような中小規模の都市にも業者は広がっている。

ウィリアムが取材でよく使う言葉が、「負け犬（underdog）」だ。「インターネット時代は誰もが、負け犬でさえも、現状を打破して、あらゆる抵抗から生き残り、そして勝つチャンスがある」と話す。物静かで、穏やかな性格という印象の彼だが、心の中にはエリートへの静かな対抗意識を燃やしている。

## 『ワンピース』のように小さなボートでこぎ出す

トコペディアは10年超の歴史の中で、比較的初期から日本との関係が深い会社だった。ソフトバンクグループとの関係は後述するが、2011年にサイバーエージェント系のベンチャーキャピタル（VC）から資金を調達し、2012年にはネットプライスドットコム（現BEENOS）からも出資を受けた。

企業文化の面でも日本の影響を受けた会社だ。創業者のウィリアム・タヌウィジャヤは日本の漫画が好きで、『ワンピース』(集英社)のインドネシア語版を愛読していた。トコペディアの従業員を「Ｎａｋａｍａ(仲間)」と呼ぶのはワンピースの影響だ。ウィリアムは、「トコペディアは(主人公の)ルフィから学んでいて、ワンピースが哲学になっている」と断言する。

２００９年に会社を立ち上げたとき、資金だけでなく、人材の確保でも苦労した。インドネシアで労働人口の1割程度しかいない大卒の人材は、外資系企業や財閥など大手企業に進みたがり、立ち上がったばかりのネット通販会社など見向きもされなかった。ある大学生向けの求人説明会ではウィリアム自らがブースに立ったが、１人の応募もなかったという。

そのときにふと『ワンピース』を思い出したという。「ルフィが海賊王になりたいと言ったら、村の全員が笑った。でも、彼は小さなボートでこぎ出した。そう、トコペディアもワンピースの海賊のようなものなのだ」。２００９年にたった1人でこぎ出した会社は、10年後には３０００人を超えるナカマを集める大企業に成長した。現在ではジャカルタ中心部の48階建ての高層ビルを「トコペディア・タワー」と改称し、より多くのナカマをひきつけている。

ちなみに、ウィリアムの密かな夢は、ワンピースの作者、尾田栄一郎と会うことだ。「私の人生を変えた漫画をどう作り上げたのか聞いてみたい」。東南アジアの、いや、世界の有力スタートアップを作り上げた彼の夢がかなう日もそう遠くはないのではないだろうか。

## 最も苦しい時期に大阪を訪れた理由

さて、日本との関係が浅くないトコペディアだが、中でも大阪は、トコペディアとウィリアム・タヌウィジャヤにとって特別な町だ。トコペディアは大阪で生まれ変わり、彼の人生も大阪で変わったと言えるからだ。

2014年9月末。当時、トコペディアは資金難に陥っていた。高い理想を掲げて起業したものの、まだネット利用率が低く、スマホも一般的ではなかった時代に、トコペディアの事業は大きくは伸びなかった。投資家から集めた資金は底を突こうとしていた。ウィリアムは、「資金調達できなければ、11月には資金が底を突くところだった」と話す。会社存続の望み、いや人生をかけて、彼が向かった先は大阪・関西国際空港だった。

10月1日、彼は大阪で米セコイア・キャピタル系のベンチャーキャピタル（VC）幹部との出資交渉に臨んだ。後述するが、この1週間でソフトバンクグループからの出資もまとまり、総額約100億円の資金を手に入れて、トコペディアは存続する。

なぜ大阪だったのか。実はウィリアムは長年交際していたフェリシアにプロポーズするため、会社の経営危機という起業家として最も苦しかったであろう時期に大阪を訪れていたのだ。フェリシアは医学部の卒業が決まり、友人と卒業旅行で大阪を訪れていた。

セコイアとの話し合いが終わると、ウィリアムは市内でバラの花を調達し、梅田の空中庭園に急いだ。午後7時。突然、現れた彼に驚くフェリシアに、「結婚してくれますか」と求婚する。答えは「はい」だった。

人生の幸せをつかんだ彼はしかし、感傷に浸る間もなく、その場を後にする。呆気にとられる将来の妻を残して、伊丹空港から最終便に乗って東京へ向かった。彼には東京で会わなければならない人がいた。ソフトバンクグループの総帥、孫正義だ。そして、孫はその場で出資を快諾する。

このソフトバンクの出資には伏線があった。2013年にウィリアムは、中国アリババ集団を創業したジャック・マーらと孫に面会し、事業について説明する機会を得た。短時間の面会で彼は、トコペディアの具体的な事業の説明ではなく、インターネットを使って実現したい夢、インターネットが自分にくれたチャンスについて語った。

ソフトバンクから出資を受けるメリットは資金面だけではない。ソフトバンクを通じて、ジャック・マーら世界の有力スタートアップ経営者の知己を得た。その後、アリババもトコペディアに出資する。

ウィリアムは孫に心酔し、新型コロナウイルスの感染拡大で、インドネシアと日本との渡航が難しくなる前までは、頻繁に孫正義を訪ねた。彼は、「孫さん（彼は「さん」付けでこう呼ぶ）は本当のビジョナリーだ」と称揚する。そして、孫の経営哲学も受け継いで、トコペディアは成長に向けて再始動した。

## 安全なネット通販を提供する仕組み

ネット通販というサービスは、他社との差別化が難しい業種でもある。そんな中でトコペディアが急成長できた要因を考えてみたい。

同社がとった特徴的な戦略は徹底したオープン戦略だ。例えば、決済サービスではクレジットカードや銀行送金、電子マネー、現金着払いなど、豊富なオプションを用意した。インドネシアのような国では、クレジットカードや銀行口座を持っていない人も多く、各種電子マネーや現金での支払いをできるようにして、利用者の裾野を広げた。

配送も同様だ。少し高めだが、ゴジェックやグラブを活用した即日配送に加えて、宅配業者を使った通常配送、速達など、複数の選択肢を用意した。

品ぞろえの面では、業者のプラットフォーム利用に対して原則無料とすることで、多くの業者に出品を促した。そうすることで、ありとあらゆる商品がトコペディアのプラットフォーム上に集まり、インドネシアのネット通販の世界で他社に先行した。そして、類似の商品が多く集まれば、そこに競争が生まれ、価格も抑えられる。消費者から見れば、トコペディアで買い物をしたほうが得だというイメージがついた。

消費者の支持を集めて多くの利用者が集まるようになると、今度はトコペディアで独占販売する商品を用意し、利用を伸ばす。例えば、中国製のスマートフォン「ＯＰＰＯ」は一時期、トコペディアでの先行販売や限定販売を行っていた。

また、トコペディアが成長を続けた大きな要因が、商品が届かないなどのトラブルを防ぎ、安全に使えるというイメージを確立したことだ。インドネシアのネット通販の黎明期《れいめい》には、代金を支払ったのに届かない、掲載されていた写真と違うものが届いた、返品や返金に応じない、といったトラブルが頻発していた。多くの場合、消費者が泣き寝入りを余儀なくされており、トコペディアでも当初はそうした問題が発生していた。

トコペディアはトコペディア・ケアと呼ばれるサービスセンターを設置して、こうしたトラブルに対応している。支払いもトコペディア経由で行う方式で、クレジットカード番号などの個人情報が業者に渡らない仕組みを確立した。

## AI活用で1万7000の島を結ぶ

2019年、トコペディアは創業10周年を迎えた。トコペディアはこの頃から、商店の集合体であるマーケットプレイスから、オフラインの小売店も含む小売インフラ企業への脱皮を目指すようになる。ゴジェックが配車中心のサービスから脱皮して宅配や電子マネーにも業態を広げ、テック企業に成長していったのと同じように（第3章参照）、トコペディアもネット通販企業から、ＡＩ（人工知能）などを使った小売りインフラを提供するテック企業に脱皮しようとしていたのだ。

言うは易しだが、実際に1万7000もの島があるインドネシアで、場所の制約なく売り手と買い手を結ぶのは至難の業だ。ウィリアム・タヌウィジャヤは各地に倉庫を作り、ＡＩを活用した需要予測などをインドネシアに合った形に改良していった。

ＡＩ活用を研究するために、国内トップ校のインドネシア大学内にＡＩ研究センターを設置した。物流改善など、インドネシア全体の課題であり、トコペディアの課題でもある分野については、産学協同研究を進めている。優秀な人材を確保する狙いもあるのだろう。

ＡＩを軸に、インドネシアの小売業全体をデジタル化して、「商業の民主化」をネットから小売業全体に広げる構想を描く。筆者（鈴木）とのインタビューでウィリアムは、ネット通販だけでなく、「将来的には農業や漁業などもデジタルの仕組みで改善していきたい」という大きな目標を掲げている。

## 追い上げるシー、韓流スターの取り合いに

２０１９年４月に開業したインドネシア初の地下鉄、ジャカルタＭＲＴ。その中心駅であるブンダランＨＩ（ホテル・インドネシア）駅の中は、トコペディアの企業カラーである緑で覆われていた。ホームの階段や柵など至る所に「ｔｏｋｏｐｅｄｉａ」の大きな文字が掲げられた。日本で言えば、銀座４丁目や大手町に相当する場所に巨大な広告を掲げ、トコペディアがインドネシア有数の企業に成長した姿を世間に示したのだ。

実際に２０１９年ごろまでは、トコペディアはサイト訪問数で首位に立っていた。中国・アリババ集団が東南アジアで展開するラザダや、地場のユニコーン、ブカラパック（現在はインドネシア証券取引所上場）などが追い上げていたが、ネット通販の老舗として首位の座を守っていた。前述のように、１万７０００もの島があるインドネシアの商習慣や物流の特徴を長年の経験でよくつかんでいるトコペディアに、一日の長があったように思う。

だが、変化のスピードがめまぐるしいのは、インドネシアのネット業界も同じだ。「立ち止まればライバルに負けてしまう」とウィリアム・タヌウィジャヤ自身が語るように、彗星

ジャカルタの地下鉄駅に展開されたトコペディアの広告（筆者撮影）

のごとく現れて、市場シェアを獲得していった企業がある。そう、シーのネット通販「ショッピー」だ（第2章参照）。

2018年ごろからキャッチーなテレビCM、特に有名タレントや世界的なスターの活用で消費者に認知され、利用が伸びた。サッカーの人気選手クリスチアーノ・ロナウドがたどたどしいインドネシア語で話すCMが特に話題となり、知名度を一気に上げた。2018年末には、韓国のガールズグループ、BLACKPINK（ブラックピンク）を企業アンバサダーに任命する。大胆なキャッシュバックやセールスで着実に需要を喚起していった。

トコペディアは新興のネット通販会社と比べて、当初、露出の面では控えめだった。このことが、新しい物好きで、移り気なインドネシアの消費者を逃す一因となる。ネット通販企業のサイトアクセス数などを調査しているアイプライス・グループの調査では、2018年10~12月期の平均月間訪問者数では、トコペディアが1位で、2位はブカラパック、ショッピーが3位で、トコペディアの訪問者数はショッピーのおよそ2・5倍だった。それが1年後の2019年10~12月期にはショッピーが1位になり、トコペディアが2位に転落する。おそらく、創業後初めてトップの座を明け渡した。

ショッピーの広告戦略に押され気味だったトコペディアも、大胆な広告戦略で反撃に出た。インドネシアに特化した企業であるトコペディアがこの市場で負けることは許されないからだ。

世界中で絶大な人気を誇る韓国のボーイズグループ、BTS（防弾少年団）を広告モデルに起用しただけでなく、2021年には、なんとショッピーが起用していた韓国の大人気ガールズグループ、BLACKPINKを企業アンバサダーとして採用し、大々的な広告で対抗する。テレビ番組（Tokopedia Waktu Indonesia Belanja、トコペディア・インドネシア買い物時間）を放映したり、ソーシャルメディアでもツイッターにＢＬＡＣＫＰＩＮＫのメンバーがインドネシア語で話す短い動画を流したりして、韓流スターを前面に押し出した。

こうした最近の動きに、筆者（鈴木）は、これまで比較的おとなしかったトコペディアがなりふりかまわず市場シェアを奪い返しにいくという強い意志を感じる。

インドネシアは親日国として知られるが、芸能に関しては他の東南アジア諸国と同様、韓国の歌手や俳優の人気が非常に高い。韓国ドラマはすぐに翻訳されてインドネシアで放映されて高い人気を誇っているし、芸能ニュースでも韓国歌手の一挙手一投足が報じられる状況だ。こうした韓流人気に乗っかり、ソーシャルメディアも利用しながら、ネット通販の認知と利用拡大を図っている。値引き合戦やポイント還元などのマーケティング策とともに利用を伸ばす重要なカギとなっている。

当然だが、そのためには豊富な資金が必要で、市場が急拡大しているからといって小規模なネット通販事業者が生き残れるほど甘い世界でもない。第８章で取り上げる大手財閥リッポー・グループのマタハリ・モール・ドットコムは事実上撤退に追い込まれたし、日本の楽天グループもインドネシアでのネット通販からの撤退を余儀なくされた。

余談だが、韓流人気に対して、日本のスターのプレゼンスは低く、広告・宣伝で見かけることは少ない。アイドルグループ、AKB48の姉妹グループ、JKT48が一定の人気を保ってはいるが、韓流スターの人気には残念ながら遠く及ばない。

この二大韓流グループの活用はトコペディアに絶大な効果をもたらした。「具体的な数字は開示できない」（トコペディア広報）というが、アイプライスの調査では、2021年1〜3月期に月間平均訪問者数で首位の座をショッピーから奪い返した。

もっとも、ソーシャルメディアの活用という点では、有名人を起用してツイッターやフェイスブック、インスタグラムなどで積極的に発信しているショッピーが依然、優位に立っているようだ。同じアイプライスの調査では、ショッピーのインスタグラムアカウントのフォロワー数はトコペディアの1・7倍だ。新型コロナ禍で需要が増加するインドネシアのネット通販市場で、トコペディアとシーの激しい戦いが続いている。

## トコペディアとゴジェックの合併、GoToの誕生

2021年5月、ゴジェックとトコペディアは経営統合を発表した。ゴジェック

（Ｇｏｊｅｋ）とトコペディア（Ｔｏｋｏｐｅｄｉａ）から冒頭の2文字ずつをとった「ＧｏＴｏ（ゴートゥー）グループ」という持ち株会社の下に、事業会社としてのゴジェックとトコペディア、それに金融サービス部門ＧｏＴｏフィナンシャルがぶら下がる形だ。非上場企業の企業評価額でインドネシア1位だったゴジェックと、同2位だったトコペディアが合併し、インドネシアに巨大ＩＴ企業が誕生した。

発表では、新会社の企業評価額は１８０億ドル（約2兆７００億円）で、インドネシアで過去最大規模の企業統合になる。２０２０年の総取引額は約２２０億ドル（約2兆５３００億円）に達した。これはインドネシアの国内総生産（ＧＤＰ）の約2％に相当する。

ゴジェックとトコペディア両社の株主が、引き続きＧｏＴｏの株主として参加する。株主のリストには、米フェイスブック（現メタ）、グーグル、中国アリババ集団、騰訊控股（テンセント）、ＪＤドットコムといった米中の巨大ＩＴ企業が名を連ねる。他にも、米ビザ、決済大手のペイパルが入るほか、日本からもソフトバンクグループのビジョン・ファンドなどが名を連ねる。地元企業では、インドネシア携帯最大手のテルコムセルや、複合企業最大手のアストラ・インターナショナル（英系財閥ジャーディン・マセソンの中核企業）も参加する。シンガポールのテマセク・ホールディングスも出資者に名を連ねる（第5章参照）。合併企業の株主構成は明らかにしていないが、共同CEOのアンドレ・スリスツヨは統合を発表したオンライン記者会見で、「ゴジェックとトコペディアの「対等の合併になる」」と述べた。

## 水面下で交渉していた別の合併相手

結果だけを見れば、ゴジェックとトコペディアはそれぞれベストな合併相手に出会ったように見えるが、最初にゴジェックとの合併を模索していたのはトコペディアではなかった。そう、水面下ではゴジェックと同業のライバル、グラブと統合に向けた話し合いがもたれていたのだ。特にグラブへの対抗心をむき出しにしていたゴジェック創業者のナディム・マカリムが教育・文化相に転身した2019年10月以降、合併へのハードルは下がり、両社は直接交渉に乗り出していた。

ゴジェックとグラブが合併交渉に動き出した2019年は、スタートアップの企業価値が「バブル崩壊前夜」と言っていい状況だった。引き金を引いたのは、一時期、世界最大級のユニコーンに成長していたウィーワークを運営する米ウィーカンパニーの経営危機が表面化したことだ。ウィーは2019年1月に企業評価額470億ドル（約5兆4100億円）とされたが、同年12月には80億ドル（約9200億円）まで評価を下げた。

ウィーは、テクノロジーを活用した貸しオフィス業態で、成長のために拠点拡大を重視し、大量の資金を投入していた。収支は赤字が続いていたが、それを上回る資金調達ができる前提で積極投資を続けていた。だが、9月に新規株式公開（IPO）が頓挫して資金調達が難しくなると、経営危機が表面化する。主要出資者だったソフトバンクグループの優良投資案件は、こうして金融支援の対象となる不良案件に変化した。

ウィーの抱える問題は、程度の差こそあれ、多くのスタートアップに共通している。投資家から集めた資金を使った事業拡大を最優先して、利益確保は後回しになっていた。それでも世界的な金融緩和で余ったマネーがベンチャーキャピタル（VC）などから流入し続け、企業の評価額が高騰していった。赤字を垂れ流し続ける企業の評価額が上昇し続ける。そんな魔法が解けたのが2019年だった。

同年5月に米市場に上場したウーバー・テクノロジーズが開示した財務諸表で、配車サービスを中心とするビジネスの持続可能性にも投資家は疑義を持つようになっていた。ゴジェックやグラブにとって、こうした状況は望ましくなかった。

東南アジアのユニコーンに投資するある有力投資家は、2019年末、匿名を条件とした取材で、「グラブとゴジェックは合併しない限り、展望はない」と言い切った。ゴジェックやグラブはそれぞれ投資家から1兆円を超える資金を集めていたが、その少なからぬ部分を消費者への還元や広告宣伝などの販促策に費やしている。特にインドネシアで激しい顧客獲得競争を繰り広げていて、投資家の資金をポイント還元や事実上の値引きの原資にしていた。

別の投資家はこの状況を見て、「(両社は)どれだけ資金を浪費すれば気がすむんだろう」とため息交じりに話した。どちらかが淘汰されるまで競争を続けるしかないが、両社の利用シェアは大きくは離れていなかった。つまり、両社の競争は永遠に続くかに思われたのだ。

投資家の一部がこの状況を打開するため、ゴジェックとグラブの大同団結を両社の経営陣に勧めたという。両社の経営陣は当初、交渉に難色を示したとされるが、投資家に背中を押され、会合を繰り返す。例えて言うならば、親同士が決めた見合いに嫌々参加する子どもたちといったところだろうか。親の立場として見守る投資家たちは、話し合いが進むうちに両社が打ち解けることを期待したが、結果的にはそうならなかった。

## 経営統合でどこに向かうのか

ゴジェックとグラブの統合交渉は、グラブが主導権を握る形の統合にゴジェックが難色を示したとされる。ゴジェックは事実上、グラブのインドネシア部門として生き残るような案も出ていて、「インドネシア代表」を自負するゴジェック経営陣のプライドがそれを許すはずもなかった。また、2社が統合すれば、インドネシアを含むサービスを展開する国のほとんどで独占的な地位を占めることになり、各国の独占禁止当局による認可が下りる保証もまったくない。

結局、ゴジェックとグラブの交渉は決裂し、グラブはSPACを使い単独で米市場に上場する方向に舵を切った。上場計画を発表した2021年4月当時の試算では、上場後のグラブの時価総額は4兆円を超えるとの見通しが示される。ゴジェックがこれ以上、グラブと規模の面で離されないようにするためには、新たな統合先を模索する必要があった。

ゴジェックとトコペディアは創業者のキャラクターこそ対照的だが、ともにインドネシアの社会問題の解決をミッションに掲げた企業であることや、「事業などの重複がほとんどない」（トコペディア社長のパトリック・カオ、現ＧｏＴｏ社長）ことから、理想的な統合相手だった。なお、両社の企業カラーはともに緑だ。

ゴジェックは東南アジア4カ国で事業展開しているものの、事業の中心はインドネシアだ。トコペディアは「海外展開は考えていない」（ウィリアム・タヌウィジャヤ）というように、インドネシアに特化した会社だ。ＧｏＴｏも事実上、インドネシアという東南アジア最大経済に特化した総合サービス企業になる。統合発表からほどなくして、ゴジェックはタイの事業をマレーシアのエアアジア・グループ（現キャピタルＡ）に売却した。業界では、インドネシアへの選択と集中を進めている動きだと捉えられている。

ＧｏＴｏの幹部人事を見ると、この経営統合の性格がよく分かる。ＣＥＯに就くアンドレ・スリスツヨ（ゴジェック共同ＣＥＯ）も、社長のパトリック・カオ（トコペディア社長）も投資家筋の出身だ。一方、創業から事業にかかわってきたゴジェック共同創業者兼共同ＣＥＯのケビン・アルウィや、トコペディアの創業者兼ＣＥＯのウィリアム・タヌウィジャヤはそのまま傘下の事業会社トップとして残った。この人事から見えるのは、投資家が中心になって決めたディールということだ。

この合併に創業者の2人は何を思っているのだろうか。教育・文化相に転身したナディムはこの件に関して公式に何も話していないし、ウィリアムの肉声も統合発表時のリリースに掲載された短いコメントしか伝わってきていない。

ただ、この人事を見て思い出したのは、ウィリアムの「トコペディアは大学のようなものだ。創業者の名前は忘れられても、企業は存続する。そんな会社を目指したい」という言葉だ。100年企業を作るという彼のビジョンが未完な以上、事業会社のトップに彼が残ったのは当然の選択のように感じられる。

## 時価総額3兆円で株式上場、今後の行方は?

GoToは2022年3月15日、インドネシア証券取引所に上場すると発表した。新株を発行し、同社株式の4・35%を公開する。売り出し価格は1株当たり316~346ルピア。調達金額は最大18兆ルピア（約1440億円）となり、時価総額は約3兆円となる。

インドネシア証券取引所に上場する企業では、時価総額で民間最大手銀行のバンク・セントラル・アジアや国営のバンク・ラクヤット・インドネシアには及ばないものの、国営通信最大手のテルコムニカシ・インドネシアやマンディリ銀行、複合企業大手アストラ・インターナショナルなど同国の主要企業を抜いて、時価総額で3位前後につける見通しだ。

最終的に売り出し価格は1株当たり338ルピアに設定され、4月11日、インドネシア証券取引所で取引が始まった。取引初日は一時、売り出し価格より21％高い1株412ルピアまで値を上げ、終値は13％高い382ルピアだった。

先に米国市場に上場したライバルのグラブや、インドネシアで上場したネット通販大手ブカラパクの株価が低迷するなか、GoToは上場に踏み切った。

3月15日に公開された目論見書によると、GoToの2020年の連結売上高は8兆4159億ルピア（約670億円）、包括損失は16兆6216億ルピア（約1330億円）だった。一足先に上場した同業のグラブの業績開示などから類推して業界関係者が大方予想していた通りではあるが、売上高の2倍近い赤字が出ている厳しい状況が明らかになった。

この数字を見れば、ゴジェックが2019年に不採算と見られた事業の縮小に動いたのもうなずけるし、投資家がゴジェック・グラブの合併など競争環境の改善に積極的に乗り出した理由もよく理解できる。

目論見書で明らかになった株主の構成を見ると、ＧｏＴｏのＣＥＯ、アンドレ・スリスツヨ、ゴジェックのＣＥＯ、ケヴィン・アルウィ、傘下のトコペディアＣＥＯ、ウィリアム・タヌウィジャヤや最高執行責任者（ＣＯＯ）のメリッサ・シスカ・ジュミントの経営陣４人とSaham Anak Bangsaが持つ株式はいずれも２％未満だが、議決権ベースでは合計で６割近くを確保している。地元メディアによると、Saham Anak Bangsaはアンドレ、ケヴィン、ウィリアムの３人が株式の３分の１ずつを持つ資産管理会社だという。

大口投資家としては、ソフトバンク・ビジョン・ファンドと見られる投資家が株式の約７％、中国・アリババ集団と見られる投資家も約７％を保有する。ソフトバンクもアリババもトコペディアの大口出資者だった。特殊株式を駆使することで、経営陣が議決権の過半を維持する構造を確立した。投資家からの早期の黒字化という圧力を避けて、ある程度、中長期的な視点で経営できるメリットはあるが、経営陣が筆頭株主になることで、経営のガバナンスが効きにくくなる恐れもある。

908ページに及ぶ目論見書からは、ゴジェックとトコペディアの組織構成の詳細も初めて公になった。

GoToは2021年の経営統合発表時に「対等の精神で合併する」と発表し、GoToという持ち株会社の下に、ゴジェックとトコペディアの事業をぶら下げると発表していた。だが、目論見書から判明したのは、企業統合のスキームとしては、ゴジェック（インドネシアでの登記名はAplikasi Karya Anak Bangsa（AKAB）＝「国民の創造物のアプリケーション」）が、トコペディアを株式交換方式で買収した形になっていることだ。AKABは2021年12月にGoTo Gojek Tokopediaに登記名を変更した。

上場したGoTo（GoTo Gojek Tokopedia）はしたがって、持ち株会社としての機能と、彼らが「オンデマンド・ビジネス」と呼ぶゴジェックの事業部門を併せ持つ。そして、傘下にトコペディアと、ゴジェックの電子マネーなどの金融部門がぶら下がる形式になっている。組織図によると、GoTo傘下には、子会社、孫会社などを含めて100以上の企業が連なるが、今後、効率化のために事業部門別の再編などもありそうだ。

起業から10年超で名実ともにインドネシア最大級の価値を持つ企業に成長したGoTo。

目先の利益よりも成長を重視した経営を続けてきたが、今後は上場企業として、四半期ごとに業績を開示する義務が生じる。成長と収益化とのバランスをいかに取るか、その答えはまだ見えていない。ＧｏＴｏにとって上場は１つの通過点に過ぎず、彼らの航海はまだ始まったばかりだ。

# 第　5　章

# 巨艦ファンド･テマセク、
# ソフトバンクグループ

## 運用資産32兆円、政府最大の収入源

第1～4章では、東南アジアを代表するスタートアップの3グループ、グラブ、シー、ＧｏＴｏ（ゴートゥー。ゴジェックとトコペディアの統合会社）の成長の軌跡や経営戦略について解説してきた。3グループがあまたある新興企業の中で抜きん出た存在になれたのは、創業者の独創的なビジョンやリーダーシップ、それを支える能力の高い経営幹部や社員の努力があったからだろう。しかし、優れたアイデアや人材だけでは企業は成長できない。まだ規模が小さく、知名度もないときから将来の潜在的な可能性を認めて、資金面で成長を支える投資家の存在が不可欠だ。

東南アジアのスタートアップへの資金供給について論じる上で、シンガポールの政府系ファンド、テマセク・ホールディングスの存在を抜きには語れない。テマセクはグラブ、シー、ＧｏＴｏの3グループすべてに出資するほか、世界中のユニコーン（企業評価額が10億ドル＝約1150億円以上の未上場企業）に早い段階から出資してきた巨大な投資ファンドだ。一般にソブリン・ウェルス・ファンド（ＳＷＦ）と呼ばれる運用集団だ。

シンガポールがマレーシア連邦から独立したのは１９６５年。テマセクはその9年後に早くも設立されている。当初はシンガポールの国策企業を株主として支える国内ファンドとしての性格が濃かった。今でも通信のシンガポール・テレコム（シングテル）、銀行のＤＢＳグループ・ホールディングス、不動産のキャピタランド、シンガポール航空、港湾運営のＰＳＡインターナショナル、電力のシンガポール・パワー、放送のメディアコープといった同国を代表する大手企業はテマセクが軒並み大株主となっている。

一般に、ＳＷＦは各国の天然資源の売却収入や外貨準備などを原資としており、株式などへの投資によって国富を増やすことを目的としている。テマセクも投資によって国富を増やすという点では例外ではなく、シンガポール政府の国家戦略に直結する重要組織だ。

政府との結び付きの強さを象徴するのが、リー・シェンロン首相の妻のホー・チンが長年、最高経営責任者（ＣＥＯ）を務めていたという事実だ。ホー・チンは２０２１年9月末に退任するまで、17年間にわたってテマセクのトップに君臨してきた。就任時の２００４年に９００億シンガポールドル（約7兆６５００億円）だった運用資産を、２０２１年には4倍超の３８１０億シンガポールドル（約32兆３９００億円）にまで引き上げた実力経営者でもあった。

テマセクが投資活動によって稼いだ利益は最大50%まで、国家予算の歳入財源に組み込まれる。同じSWFのシンガポール政府投資公社（GIC）などの投資収益と合わせた予算への貢献額は2020年の実績ベースで182億シンガポールドル（約1兆5500億円）。法人税（161億シンガポールドル）や個人所得税（127億シンガポールドル）といった主要な税項目による歳入を上回り、個別の項目としては最大の歳入財源となっている。少子高齢化によって社会保障関連の歳出が膨らむ中で、SWFの収益の組み入れがなければ、シンガポールの予算編成は難しくなっている。

一方で、テマセクの執行体制は政治とは無縁だ。幹部はゴールドマン・サックスやシティグループ、アクセンチュアなど大手投資銀行、投資ファンド、コンサルティング会社の出身者で固められ、出身国も多様だ。本人の能力と実績に基づいて採用、幹部登用されており、幹部の名簿を見ると、米ウォール街の投資銀行とみまがうほどだ。

オフィスもサンフランシスコや北京、ロンドンなど投資の最新情報が集まる主要な9カ国、13都市に配置している。有望な企業の情報をいち早く獲得できるこうしたネットワークこそ、テマセクの最大の競争力の源泉だ。設立以来の年間利回りは14%で、運用資産の規模は世界のSWFの中で十指に入る。

## ビオンテックへの投資でも成功

そのテマセクが近年、傾注しているのがスタートアップ投資だ。それは業種別の投資割合を見れば一目瞭然だ。テック系のスタートアップが多い消費者向け産業、メディア・IT（情報技術）、生命科学・農業、金融サービス（銀行を除く）の4業種向けの投資割合は2011年3月末時点では、運用資産全体のわずか5%を占めているに過ぎなかった。それが10年後の2021年3月末には37%にまで高まっている。その間に、全体の運用資産残高は1930億シンガポールドル（約16兆4100億円）から3810億シンガポールドル（約32兆3900億円）に倍増しており、いかに成長著しい4業種に資金を集中投下してきたかが分かる。

この37%の中には、グラブ、シー、GoToの他に、中国の金融大手アント・グループや、中国の配車大手、滴滴出行（ディディ）、インドの料理宅配ゾマトなどアジアの有力新興企業が含まれている。

見逃せないのは同じ「金融」分野でも、10年間で中身が大きく入れ替わっていることだ。2011年の主要な投資先には英スタンダードチャータード、中国建設銀行、インドのICICI銀行など伝統的な大手銀行の名前が並んでいた。それが2021年にはビザ、マスターカードの世界的なカード大手2社に加え、オランダのフィンテック、アディエン、米決済大手のペイパル・ホールディングス、米財務ソフトのビル・ドット・コムなど決済やフィンテック関連の企業が多くポートフォリオに加わっている。フィンテックが世界的に台頭する一方で、これまで主役だった銀行の存在感が低下するのを見越して、投資先を巧みに入れ替えてきたことが分かる。

テマセクは技術革新の動向や世界の人口動態、気候変動などメガトレンドを基に、長期の投資戦略を立て、その上で投資先を選別している。機関投資家や個人から資金を集めて運用する一般の資産運用会社が短期の運用成績にも目配りしなければならないのに対し、国の資金を運用するテマセクは中長期での運用利回りの向上に集中できる。

世界の長期トレンドを重視するテマセクの投資の成功例は枚挙にいとまがないが、象徴的な事例の1つが独バイオ医薬ベンチャー、ビオンテックへの出資だ。テマセクは2020年6月、ビオンテックの2億5000万ドル（約290億円）の資金調達に主要な投資家として加わった。ビオンテックと米ファイザーが開発中の新型コロナウイルスワクチンの治験で予防の有効性が90％を超えたと発表した同年11月の5カ月前のことだ。

この治験結果の発表があった翌日の11月10日に、テマセクの投資戦略を統括するロヒト・シパヒマラニにインタビューする機会があった。シパヒマラニは「トンネルの先の光が見えた」とワクチン開発の前進を喜びつつ、「我々は長期の視点で投資している」と投資の成功にも浮かれた様子はなかった。その後、ビオンテックのワクチンが世界中で使われ、同社の収益も大幅に拡大したことは周知の通りだ。

中国のテック分野に目を付けたのも早かった。シパヒマラニによると、中国のネット通販最大手、アリババ集団に最初に出資したのは、同社が2014年に米国で上場する前の2010年頃だった。当初の出資額は数十億円程度だったが、その後の成長に合わせて追加投資を続けた。中国への投資割合は2021年時点で資産全体の27％に上っており、自国のシンガポール（24％）や米国大陸（20％）を上回っている。米中の間で中立的な立場を維持するシンガポールの立ち位置を生かし、両国の有望企業にいち早く出資できるのは、テマセクの強みの1つだ。

## 代替肉の技術開発を後押し

テマセクがスタートアップにとって欠かせない存在なのは、単に初期段階から成長資金を投じてくれるからだけではない。お金以外の様々な面でも成長を後押しする機能を持っているからだ。

生命科学・農業分野は前述したように近年傾注する重点4分野の1つだが、テマセクは2021年11月に新会社、アジア・サステナブル・フーズ・プラットフォームの設立を発表している。新会社の主な役割は、植物由来の代替肉などを開発する新興企業に研究施設を提供したり、大量生産のノウハウを提供したりすることだ。将来の戦略提携の候補も紹介する。

優れたアイデアや最先端の技術や知識を持つ起業家も、そのアイデアを実現するための研究設備の確保に苦労することが多い。また仮に培養技術などを使った試作品を完成しても、それを安定的に生産し、販路を開拓するには別のノウハウが必要になる。テマセク幹部のヨー・キートチュアンは、投資家にとどまらない新会社の役割を、「後援者であり、実際に事業に携わるオペレーターでもある」と説明する。

後援者やオペレーターの機能を担っているのは、アジア・サステナブル・フーズ・プラットフォームだけではない。テマセクはシンガポール科学技術研究庁（A*STAR）と2020年11月、最先端の食品開発に必要な技術やラボを完備した研究開発施設「フードテック・イノベーション・センター」の設立を発表しており、この研究開発施設に3年間で3000万シンガポールドル（約26億円）を投じる計画だ。

テマセクが出資するシンガポールの代替鶏肉のスタートアップ、ネクスト・ジェン・フーズは2022年後半に、この研究開発施設に入居する予定だ。共同創業者のアンドレ・メネゼスCEOはブラジル出身だが、シンガポールを本社の所在地に選んだ理由をテマセクなどからの支援が充実しているためだと説明する。「シンガポールは世界の食品テックの集積拠点になっている。アジアだけでなく、欧米市場への進出を計画する我々にとって格好の場所だ」

独医薬・農薬大手のバイエルとは2020年、「垂直農法」と呼ばれる都市型農業に適した野菜品種を開発する会社を立ち上げた。バイエルの持つ野菜の遺伝情報を活用し、米カリフォルニア州の本社とシンガポールの両方に研究開発、営業機能を設けており、テマセク投資先のスタートアップにも新品種を提供することを想定している。

２０２１年11月下旬、テマセクが支援する地場の食品会社、グロースウェル・フーズの新工場を視察する機会があった。同社はチョー・シウシン社長が１９８８年に立ち上げ、当初からベジタリアン向けの食品製造を強みとしてきたが、息子のジャスティン・チョー専務が代替肉や代替魚介類の開発・製造に一段とシフトするために、２０１９年にテマセクなどから８００万ドル（約９億２０００万円）を資金調達した。

シンガポール北端のセノコ地区にある新工場の目玉は、大豆やこんにゃく由来の原料に湿気を加えて、本物の鶏肉や白身魚に近い食感を再現する機械だ。「触ってみてください。歯応えも本物の肉そっくりですよ」。担当者にそう言われ、味付け前の原料に触ると、ゴムのような弾力性があり、ひんやりとした触感だった。

テマセクはこうした技術の細部まで踏み込んでアドバイスし、家族経営の中堅食品会社の経営改革を後押ししている。新工場は年間４０００トンの生産能力を持ち、代替鶏肉や代替魚肉のナゲットやスティック、パティを生産。２０２２年初めからシンガポールのスーパーの店頭に新工場で製造した商品が並び始めた。市販後に代替鶏肉のナゲットや代替魚肉のスティックを試してみたが、食感は本物にかなり近づいていた。

テマセクの農業・食品分野の投資先はネクスト・ジェン・フーズやグロースウェル・フーズといった東南アジアの企業だけでなく、代替肉の米インポッシブル・フーズなど合計で40社超、投資総額は80億ドル（約９２００億円）以上に上る。テマセクが農業・食品テックの投資を本格化したのは２０１３年で、野菜の品種開発まで踏み込むのはテマセクがこの分野の巨大な潜在性を認識していることの表れだ。別の言い方をすれば、野菜の品種開発にまで自ら関与しているからこそ、他のファンドに先駆けて最新の業界情報を入手できるのだろう。

## サイバー防衛から上場費用まで支援

テマセクのシパヒマラニは生命科学・農業以外の業種も含め、投資先のスタートアップへの支援は多岐にわたると強調する。まず適切な企業統治（コーポレートガバナンス）の構築支援だ。

スタートアップの創業者にとっては本業の成長が最優先課題で、透明で公正な社内の仕組み作りや従業員や地域社会への配慮は後回しになることが往々にしてある。しかし、これらの課題は新規株式公開（ＩＰＯ）を目指す際に避けて通れないだけでなく、ガバナンスの欠陥が企業の存続を揺るがす事態に発展することもある。テマセクは専門家や社外取締役の候補者などを紹介し、スタートアップが早い段階から適切な統治体制を築けるようにしている。プラスチック以外の原料の容器の利用を促すなど、経営陣がＥＳＧ（環境・社会・企業統治）を早い段階から意識するよう仕向けてもいる。

次に、サイバー防衛などのリスク管理の支援だ。自社のサイトが不正アクセスによってハッキングされたり、顧客データが漏洩したりすれば、その対応に膨大な費用や時間がかかり、取引先や顧客からの信頼も低下する。スタートアップはそのリスクを当然認識しているものの、サイバー防衛に必要な資金を割り当て、専門人材を雇う余力のない企業が大半だ。テマセクはイスタリというサイバー防衛の専門企業を自ら保有しており、投資先企業に万が一の事態が起きれば、すぐに支援できる体制をとっている。

3番目に、投資先の企業同士を結び付けることによる支援だ。テマセクの投資先は世界中のあらゆる業種にわたっており、スタートアップにとってはテマセクの投資先の大企業と取引ができれば、売上高の増加や信用力の向上につながる。また、世界の別の地域で似た事業を手掛けるスタートアップ同士が情報やノウハウを交換し、双方の事業改善につなげることができる意義は大きい。とりわけ東南アジアのスタートアップにとっては、新たな技術やサービスが先行して普及し、ユニコーンが多く育つ米国や中国、インドの事例は参考になる。

さらに、テマセクは2021年9月、シンガポール政府やシンガポール取引所（SGX）と組み、国内のスタートアップの上場を促進する取り組みを始めた。15億シンガポールドル（約1280億円）のファンドを作り、スタートアップが上場する際に主要な投資家として資金調達に加わり、上場の成功を後押しする。金融通貨庁（MAS）は上場にかかる費用の最大7割を負担し、SGXは上場後に株式の売買が活発になるよう流動性を支援するなど、至れり尽くせりの内容だ。

テマセクやシンガポール政府がそこまでするのは、起業から数回にわたる資金調達を経て、株式公開に至る一連の流れを東南アジアの中で完結できるようにするためだ。第1章、第2章で触れたように、グラブやシーはシンガポールに本社を置き、東南アジアを主たる営業地域とするが、米国市場を上場の場所に選んだ。こうした事例が続けば、東南アジアの資本市場が空洞化してしまうという危機感がある。自国の証券取引所に上場しやすい環境が整備されれば、起業のハードルが一段と下がり、優秀な若者がスタートアップにさらに集まる好循環を作り出せる。

## 創業当初のグラブに出資した理由

テマセクは本体でも、有望なスタートアップへの投資を強化しているが、運用資産が30兆円を超える「巨艦」なだけに、数千万円単位の投資まで自ら管理するには限界がある。その点を補うのが、テマセクが傘下に抱えるベンチャーキャピタル（VC）だ。バーテックス・ベンチャー・ホールディングス、パビリオン・キャピタルといったVCが、テマセクの手足となって世界中の有望なスタートアップを発掘している。

バーテックスは創業当初のグラブをいち早く発掘したVCとして知られている。中国企業も投資対象とするバーテックスは2011年ごろ、中国でモノやサービスを個人や事業者間で貸し借りするシェアリングエコノミーの勃興を目の当たりにしたが、中国では有望な企業への投資機会を逃していた。いずれ東南アジアで同じことが起きたときに、再び失敗をするわけにはいかない。そんな思いで東南アジア各国のシェアリングエコノミー関連のスタートアップを探し、配車関連だけで数社をリストアップした。

チュア・キーロックCEOによると、その中でもグラブは事業計画のスケールが他社とはまったく異なっていたという。アンソニー・タンCEOら経営陣はチュアに、「東南アジア全域に進出し、いずれ世界を制覇したい」と大風呂敷を広げた。バーテックスは2014年4月、シリーズAと呼ばれるグラブの最初の500万ドル（約5億8000万円）の資金調達に主要な投資家として参加した。

チュアは当時、グラブに1つの提案をしている。マレーシアからシンガポールへの本社移転だ。世界に打って出るには、テクノロジーの専門人材が集めやすいシンガポールのほうが有利だという判断からだった。グラブは彼の提案を受け入れ、2014年にシンガポールへの本社移転を実行に移す。

グラブだけでなく、バーテックスの投資先の東南アジア企業には、特許データを検索・分析するサービスを提供するパットスナップや、フィンテックのニウムなど、投資後にユニコーンに育った企業が並ぶ。東南アジア域内だけでなく、米中やインド、イスラエルにも専門人材を配置し、現地の有望なスタートアップの発掘を日々続けている。

そのバーテックスは2019年、投資会社リサ・パートナーズやあおぞら銀行など日本の投資家と共同でベンチャーファンドを組成した。総額は7億3000万ドル（約840億円）で、テマセクの資金のみで運用してきたバーテックスのファンドに、海外の投資家が主体的にかかわる初の事例となった。

バーテックスが日本の投資家と組んだ狙いは明快だ。まず世界の有望なスタートアップにこの共同ファンドを通じて出資した上で、リサ・パートナーズなどが出資先のスタートアップと相乗効果が見込める日本の企業を紹介する。スタートアップは特定の分野で有望な技術を持っていても、関連する技術が足りなかったり、十分な顧客基盤を持っていなかったりといった弱みを抱える。確立した技術やノウハウを持つ日本の製造業などと連携すれば、不足する技術や顧客網を補えるというわけだ。ファンドが将来、出資先のスタートアップの株式を売却する際も、日本企業を有力な買い手候補として想定している。

日本企業とのかかわりでは、同じくテマセク傘下のVC、パビリオン・キャピタルも負けていない。パビリオンがクラウド会計ソフトのフリーに出資したのは2014年にさかのぼる。同社はその後、日本を代表するフィンテック企業に育ち、2019年に東証マザーズに上場した。パビリオンは2021年、後払い決済サービスのネットプロテクションズホールディングスや、AI（人工知能）を活用した学習教材を手掛けるatama plus（アタマプラス）などにも出資し、日本での存在感を高めている。

## 政府系ファンドが存在感を高める背景

テマセクは自らVCを持つだけではなく、東南アジアの民間のVCに投資家として資金を投じてもいる。公表されている事例としては、ゴールデン・ゲート・ベンチャーズ、ジャングル・ベンチャーズ、モンクスヒル・ベンチャーズといったVCへの投資がある。2010年代前半までは地場の有力なVCが育っておらず、スタートアップが成長資金を集める上での障害となっていた。テマセクから資金を得たことが地場のVCの信用力を高め、それ以外の投資家から資金を集める土台となった。テマセクが東南アジアのＶＣのエコシステムの中核的な存在と位置づけられるゆえんだ。

バーテックスやパビリオン、さらには地場のＶＣの投資先企業には、グラブをはじめ、その後急成長した企業が多く含まれる。近年はテマセクが長年投資してきた伝統的な大企業よりも、スタートアップ投資のほうが運用利回りへの貢献も大きい。

シンガポールのもう１つの政府系ファンド、ＧＩＣも配車のゴジェック、ネット通販のブカラパック、旅行予約サイトのトラベロカなど東南アジアのユニコーンやその予備軍への投資を増やしている。ＧＩＣは運用資産規模すら開示しない秘密主義のファンドとして知られているが、取締役会議長にリー・シェンロン首相、取締役にヘン・スイキャット副首相、ローレンス・ウォン財務相らが名を連ねるなど、政府直属の巨大な運用機関だ。

ＧＩＣは投資対象のほぼすべてが株式であるテマセクとは異なり、世界の債券や不動産にも幅広く投資している。２０２１年までは世界的に低金利が続き、債券投資からは高い利回りが期待できなかった。そうした運用環境下でスタートアップへの投資はリスクも高いが、成功すれば多くの株式売却益が得られる有力な投資対象になっている。

ケタ違いの資金力を誇り、投資実績への評価も高い政府系ファンドから出資を受けることは信用力の向上に直結するため、スタートアップ側も政府系ファンドからの出資を歓迎する。シンガポールの政府系ファンドは実利に徹しており、投資先の企業に採算の合わない協力を求めることもない。こうした相互に利点がある関係が、スタートアップ業界での政府系ファンドの存在感を高める要因になっている。

## 東南アジアに巨額投資するソフトバンクグループ

もちろん、東南アジアのスタートアップの資金供給源となっているのは、政府系ファンドだけではない。域内外のＶＣが有望なスタートアップにいち早く投資しようと、案件発掘を競い合っている。その中でも目立つのが、孫正義会長兼社長が率いるソフトバンクグループ（ＳＢＧ）だ。

「グラブを通じて20億ドル（約２３００億円）を投資する。（インドネシア政府に）『もっと投資してほしい』と言われたので、そうするつもりだ」。孫は２０１９年７月、ジャカルタの大統領宮殿にいた。会談相手はジョコ大統領で、かたわらにはＳＢＧが出資するグラブのアンソニー・タンCEOとトコペディアのウィリアム・タヌウィジャヤCEOを従えていた。

会談後、巨額投資の計画をぶち上げてインドネシア経済への貢献をアピールしたが、その半年後の2020年1月にも再びジョコ大統領を訪問し、インドネシアの首都移転計画に投資する意向を示した。首都移転計画への投資は2022年3月、結局見送ったことが明らかになるが、世界で名が知れわたった孫でしかできない芸当だった。

SBGの東南アジア投資の成功例がグラブとトコペディアだ。グラブへの投資についてはすでに第1章で触れたが、グラブの会社設立から4年目の2014年12月に早くも最初の投資を実行している。トコペディアについても、出資を発表したのはグラブと同じ2014年の10月だった。有望なスタートアップとして台頭し始めた頃に一気に資金を投じ、大株主の座を射止める。ソフトバンク・ビジョン・ファンド（SVF）を通じて世界各地で実践するSBGの投資の特徴が、この2社への投資にもよく表れている。

そのSBGは2021年に入って、グラブとトコペディアに続く第2世代のユニコーンへの投資を次々と決めた。

「対象商品の品切れ時間が大幅に短くなり、売り上げも1・2倍に伸びるということで、続々と有力な米国のブランドがトラックス詣でをしている。トラックスが世界の営業を変えることになる」。2021年5月、決算説明会の席上で、孫は1カ月前にSVFの2号ファンドを通じて出資したばかりのシンガポールのユニコーンの魅力をとうとうと訴えた。

トラックスは自社開発の高度な画像認識技術を使って、小売店の商品陳列棚を丸ごとデジタルで可視化し、顧客企業の商品の欠品や在庫の状況を常時把握できるシステムを提供する。トラックスのシステムを導入した企業の営業担当者は小売店を回り、欠品をいちいち確認する手間が省ける。スイスのネスレや米コカ・コーラなど世界的な消費財メーカーが相次ぎ契約を結び、解析する商品の数はSBGが投資を決めた当時で月2・6億個に達していた。

形状や材質、色、大きさが千差万別の商品の画像認識は、人間の顔認識よりはるかに高度な技術が要求される。その最先端を行くトラックスは、AI革命を唱える孫好みの企業と言える。トラックスのジャスティン・ベハーCEOは日本経済新聞の取材に、筆頭株主になったSBGについて、「AIを活用したデジタル市場での経験が豊富で、今後協業する可能性は大いにある」と期待を示した。

トラックスだけではない。ＳＢＧは2号ファンドを通じて、２０２1年3月にはテマセク傘下のバーテックスも出資するパットスナップに、同年6月にはネットを使った中古車売買を手がけるカーロに出資した。いずれもシンガポールに本社を置き、高度なＡＩ活用を売り物にする。例えば、創業者兼ＣＥＯのアーロン・タン自身がプログラミングの専門家のカーロは、超音波を専門とする科学者を雇っている。中古車のエンジンの音を聞き分け、瞬時に異常の有無を検知するＡＩシステムを開発するためだ。両社ともに2号ファンドが参加した資金調達を機に、ユニコーン入りを果たした。

## 投資拡大を可能にするノウハウ

ＳＶＦは２０２1年に入って投資案件が急増した。アジア担当のマネージングパートナーの1人、グレッグ・ムーンに同年7月にＺＯＯＭでインタビューした際、審査が甘くなり、失敗のリスクが高まる懸念がないのか聞いたところ、反論が返ってきた。「昨日見つけてきた案件に今日投資すれば、確かに問題だろう。しかし、私はカーロをこの4年間、トラックスについても2年間見続け、彼らの進化をチェックしてきた」

ムーンがカーロの創業メンバーに出会ったのは、前職のソフトバンク・ベンチャーズ・コリア（現ソフトバンク・ベンチャーズ・アジア）の社長時代にさかのぼる。当時、東南アジアのスタートアップは最新技術とは縁のないサービス業が多かったが、CEOのタンを含むカーロの創業メンバーのIT分野の高度な知識は際立っていたという。ムーンは初期の投資家として、時に成長を急ぐあまり拙速に物事を運ぼうとする経営陣のブレーキ役になりながら、東南アジア域内での事業拡大を側面支援し続けてきた。

テマセクやGICと同様、SBGも世界中のスタートアップに投資しており、世界の動向をいち早く把握できることが投資先を選別する際の強みとなっている。例えば、オンライン中古車売買では、カーロに投資する前に、2018年にドイツのアウトアインス・グループ、2019年には中国の瓜子、ブラジルのボランティ、メキシコのカバックと計4社に投資している。それぞれが事業を展開する地域が異なるため直接的なシナジーはないものの、「多くの同業の情報とノウハウがSVFに蓄積されているため、確信を持って投資先を評価し、決めることができる」（ムーン）。カーロのタンも「4社の大半の経営陣とは知り合いで、お互い学び合う関係だ」と話す。

ムーンによると、人口6億6000万人の東南アジアで自動車の所有率は10％に満たず、中古車販売全体に占めるネット売買のシェアも1％未満に過ぎない。先進国の市場に比べて成長の余地は格段に大きく、SVFの出資先で2021年2月に上場したドイツのアウトアインス・グループなど先行者のノウハウを取り込める可能性も大きい。トラックスが手掛ける小売店の商品情報のデジタル化、パットスナップの特許データ分析も世界的に市場の本格的な拡大はこれからで、SBGはこれらのユニコーンの成長余地は巨大だと見ている。

さらに、次の世代のスタートアップの発掘も進める。ネットを中心に個人に投資商品を助言・販売するシンガポールのエンドワスは2021年4月、ソフトバンク・ベンチャーズ・アジアなどから2300万シンガポールドル（約20億円）を調達した。

同社は手数料の高い金融商品を販売するのは個人投資家の利益にならないとして、運用会社などからは手数料を受け取らず、個人顧客側からのみ年間で運用残高の0・05〜0・6％を手数料として徴収する。短期的には手数料は大きく伸びないが、グレゴリー・バンCEOは「ソフトバンクは非常に長期思考だ」と指摘し、こう話す。「我々が正しいと思うことを続けられるのは、ソフトバンクのような投資家が経営方針を支持し続けてくれるからでもある」。エンドワスは2021年7月、開業から2年未満で助言対象の資産が10億シンガポールドル（約850億円）を超えるなど順調に成長している。

## 東南アジアに負ける日本のスタートアップ業界

ＳＶＦは、東南アジアをはじめ世界中のスタートアップに巨額の投資をしているが、日本企業への優先度は高くなかった。ようやく初の投資案件が明らかになったのが2021年10月。バイオベンチャーのアキュリスファーマへの出資だった。仮に日本に有望なスタートアップがごろごろしているのであれば、孫が投資を検討しないはずはない。ＳＶＦの日本市場への配分の少なさは、世界的に見ると日本がさほど有望な市場ではないことを如実に示している。

東南アジアのスタートアップのほうが日本のスタートアップよりも勢いがある状況は、資金調達の規模を比べても明確だ。シンガポールの新興メディア、ディールストリートアジアによると、東南アジアのスタートアップの資金調達額は257億ドル（約2兆9600億円）と2020年の2・7倍に達した。一方、日本のスタートアップの資金調達額は大型案件が増えた２０２１年でも１兆円に到達しておらず、東南アジアのほうがスタートアップの市場規模は大きくなっている。

将来の成長の余地が大きい東南アジアには、テマセクやＳＢＧのような巨大な投資家だけでなく、数多くの域内外のＶＣが流入しており、有望な投資先の発掘にしのぎを削っている。エコシステムを形成する重要なプレーヤーである投資家の充実で、東南アジアのスタートアップ業界はますます勢いづいている。

# 第　6　章

# 起業を促すエコシステム

## 「NOCマフィア」の存在感

シンガポールのユニコーン（企業価値が10億ドル〈約1150億円〉を超える未上場企業）に、カルーセルとパットスナップという2つのスタートアップがある。カルーセルは個人同士が物品を売買するフリーマーケットアプリを提供する、「東南アジア版のメルカリ」だ。もう1つのパットスナップは世界の1億件以上の特許データや最新技術の動向をAI（人工知能）を使って分析し、企業に提供する。

手掛ける事業や顧客層がまったく異なる2社だが、共通点がある。いずれも創業者がシンガポール国立大学（NUS）の起業家育成プログラムを履修し、海外留学した点だ。

NUS海外カレッジ（NOC）と呼ばれるこのプログラムの魅力を、カルーセルの共同創業者の1人、クエック・シウルイ最高経営責任者（CEO）はこう振り返る。「もしNOCを使ってシリコンバレーに留学していなかったら、銀行員かコンサルタントになっていただろう。NOCは私と共同創業者の人生を変えた」。クエックと2人の共同創業者、マーカス・タンとルーカス・ヌーはいずれもNOCで提携先の米スタンフォード大学に留学し、帰国後、カルーセルを立ち上げた。

ＮＵＳがＮＯＣを始めたのは２００２年にさかのぼる。初年度に最初の提携先であるシリコンバレーのスタンフォード大に送り出された学生はわずか14人だった。当初、ＮＵＳの内部には大学が起業家育成プログラムを手掛けることに懐疑論があったが、14人のうち９人がその後、起業に踏み切ったことで、プログラムを継続・拡大する方針が決まった。

その後、２００４年に中国の上海、２００５年にスウェーデンのストックホルム、２０１１年にイスラエル、２０１８年にカナダのトロントにある各大学と提携し、派遣先の都市を次々に広げていった。２０２１年時点で派遣先は世界15都市にまで広がっている。ＮＯＣによって留学した学生の累計は３８００人を超え、卒業生が立ち上げたスタートアップも１０００近くに達した。シンガポールでは、ＮＯＣ卒業生のスタートアップ業界での存在感の大きさとネットワークの緊密さから、「ＮＯＣマフィア」という言葉まで生まれている。

## インターンシップで得られる貴重な体験の魅力

ＮＯＣ制度で留学した学生は、スタンフォード大学など海外の一流大学のビジネスに関する講義を受けられる。キャンパスを訪れた有名な現地企業の幹部やスタートアップの創業者から成功や失敗談を直接聞く機会も多い。将来の起業を考え、貪欲《どんよく》に知識やノウハウ吸収しようとする学生にとって、こうした経験は人生観を変えるほどのインパクトを持つ。カルーセルのクエックは、「シンガポールにいたときは、大企業に勤めて高給を得ることが成功だと思っていた。しかし、シリコンバレーに滞在し、技術の力で社会に大きなインパクトをもたらせること、社会課題を大きなスケールで解決できることを学んだ」と話す。

同様にＮＯＣでシリコンバレーに留学したデリアス・チョンも、留学先で多くの起業家と交流する機会に恵まれた。チョンは「彼らが特別に賢いわけではない」と感じた一方で、「起業家に最も必要なのはビジョンと決断力」だと実感した。シリコンバレーで感化されたチョンは帰国後、携帯電話用のセキュリティー会社を興した。その会社を軌道に乗せて米企業に売却した後、不動産のポータル（玄関）サイト「99.co」を立ち上げ、連続起業家（シ

シンガポール国立大学のキャンパス（シンガポール国立大学提供）

リアルアントレプレナー）の道を歩んでいる。

しかし、NOCプログラムの最も重要な点は、一流大学での講義の受講ではない。NUSの教授でNOCプログラムの責任者を務めるチー・ヨーメンは、「講義の受講は義務ではなく、留学中にキャンパスに通う必要はない」と言う。義務づけられているのは、現地のスタートアップでのインターンシップだ。

NUSは学生の希望や能力に見合ったインターンシップ先を割り当てることに、多くの労力を割いている。大企業ではありきたりの経験しか得られないため、常に派遣先の15都市の成長中のスタートアップを開拓し、リスト化している。派遣先でNUSの学生同士がつるまないように、原則1社につき1人の学生しか派遣しない。

選考はまず大学が応募する学生と面談した上で、その学生に合ったスタートアップをマッチングし、受け入れ先のスタートアップとのオンライン面談に合格すれば派遣が決まる。新型コロナウイルス禍の前は1年間で約1200人の学生が応募し、2次にわたる選考の上、実際に派遣されたのは約300人だった。

起業家の下で修業することで、具体的なノウハウだけでなく、起業家としての心構えを養うことができる。シンガポールの起業家のヴェラッパン・スワミナザンは、派遣先のシリコンバレーのベンチャー企業で、経営者が株主から退任を迫られる場面を目の当たりにした。こうした経営の厳しさを肌で感じられたことこそ、NOCの魅力だと彼は振り返る。

## 東京大学を上回る評価のNUS

NOCが主に学部生を対象としたプログラムに位置づけられるのに対し、NUSには大学院生や研究員を対象とした起業支援プログラムもある。大学院生向け研究・革新プログラム（GRIP）と呼ばれるもので、始まったのは2018年だ。

ＧＲＩＰは高度な専門知識を持った博士課程・修士課程の大学院生や、研究員がその専門性を実際のビジネスに適用する手助けをする。英教育専門誌「タイムズ・ハイヤー・エデュケーション」の２０２２年版の世界大学ランキングでＮＵＳは21位と、東京大学（35位）を上回る評価を得ている。

高い水準の研究を求めて、とりわけＮＵＳの大学院には世界中から優秀な学生が集まってくる。ＧＲＩＰは起業を志向する受講者をチーム分けし、チームごとに２人の専属スタッフをつけ、起業の実現を後押しする。有望と判断した起業プロジェクトには大学が最大10万シンガポールドル（約８５０万円）を出資するほか、外部のベンチャーキャピタルなどとの橋渡し役も担う。

ＧＲＩＰが狙うのは、ディープテックと呼ばれる高度な技術やノウハウを持つスタートアップの育成だ。世界中で毎日多くのスタートアップが生まれる中で、ありきたりの技術やビジネスモデルでは、すぐに淘汰される可能性が高い。他社から容易にまねできない知識や研究成果を持った大学院生に、それらを商業化するノウハウを伝授し、シンガポール国外でも通用するスタートアップに育てる狙いだ。ＮＵＳでＧＲＩＰを含む起業関連プログラムを統括するフレディー・ボーイ副学長は、「年間100のディープテックのスタートアップを誕生させる」と意気込む。

ＮＵＳの研究員だったシドハース・ジャドハブも2019年にＧＲＩＰを受講した後、起業家に転じた1人だ。空気力学を専門としていた彼が立ち上げたのは、小型のドローンを使って自動的に野菜や果物に授粉するシステムを開発するスタートアップ、ポリビーだ。蜂や人の手を介して行われていた授粉作業がドローンによって効率化できれば、都市型農業の生産性を高めることができる。ドローンは生育状況に関するデータを常に収集できるため、人手をかけずに効率的に栽培することも可能だ。

研究に関心があったジャドハブは、ＧＲＩＰを受講する前は、自ら会社を設立することに関心がなかったという。しかし、専属スタッフと対話を重ね、世界の抱える課題を技術で解決する可能性について考えるうちに、起業の決意が強まっていった。彼は、「人生でこれ以上働いた時期はないほど濃密なプログラムだったが、優れたスタッフから、あらゆるレベルでの支援を受けられたおかげで起業できた」と振り返る。

シンガポール国立大学のスタートアップ育成施設、ブロック71
(NUS Enterprise 提供)

## スタートアップ育成施設の大きな役割

ＮＯＣやＧＲＩＰだけでもすでに大学の枠を超えているが、ＮＵＳはブロック71と呼ばれるスタートアップ育成施設も運営している。ＮＵＳのキャンパス近くの古い工業団地を転用して、シンガポールに最初に施設を立ち上げたのは２０１１年。まだ米ウィーワークのようなシェアオフィスが世界的に普及していない時期で、起業家同士の交流を促す専用施設という発想は斬新だった。入居するスタートアップはベンチャーキャピタルを紹介してもらったり、専門家の助言を受けたりといった包括的な支援を受けることができる。

ブロック71は海外にも進出しており、2022年3月時点で、インドネシア、ベトナム、米国、中国の5カ国計7カ所にまで広がっている。

NUS出身のタン・ペックインらが起業し、女性用品を開発・販売するブラッドは、シンガポールのブロック71に加えて、ジャカルタのブロック71にも入居していた。インドネシア市場に足がかりを築くためだ。ブラッドの商品の販路はその後、インドネシアも含めた東南アジア諸国連合（ASEAN）主要国や、欧米にも拡大した。

2011年の運営開始から2021年7月までの10年間で、ブロック71に入居するシンガポールのスタートアップが調達した資金の総額は30億シンガポールドル（約2550億円）に達した。シンガポールのすべてのスタートアップがこの間に調達した金額の11％に相当し、いかにブロック71が果たしてきた役割が大きいかが分かる。

### コロナ禍をどう乗り越えたか

2000年代以降、世界に起業家育成のネットワークを張り巡らしてきたNUSにとって、2020年に感染が拡大した新型コロナウイルスは試練となった。海外に派遣されていたNOCの留学生がプログラムの途中で帰国を余儀なくされ、売り物だった海外でのインターンも継続できなくなったからだ。

NUSは緊急措置として、帰国した学生に100を超える国内の企業からインターン先を選べるようにして、プログラムをできる限り継続できるようにした。短期間に国内のインターン先を整備できたのも、NUSの充実した卒業生のネットワークがあったがゆえだ。

バイオ医学工学専攻のジュレミー・オンも、2020年1月中旬にストックホルムに留学してからわずか2カ月間で帰国せざるをえなくなった。留学前から同級生と仮想現実（VR）技術を使って医師や医学生を訓練するプロジェクトを進めていた彼にとって、スウェーデンの医療関連スタートアップでのインターンシップ生活はかけがえのない経験だった。意図せぬ中断だったが、帰国後すぐにNUSから紹介を受け、シンガポールのスタートアップでプロジェクトマネジャーとして働くことができた。

オンは2021年6月に卒業し、同級生とVR技術を使って医師の訓練を担う会社「メディVR」を正式に立ち上げた。「ストックホルムとシンガポール両方の経験が起業家としての目を開かせることになった」とオンは振り返る。

シンガポールが海外との往来を厳しく制限していた2021年5月、NUSのタン・エンチャイ学長にインタビューする機会があった。新型コロナによって中断していたNOCについて聞くと、「学生は本来、教室では経験できない本当の課題に直面する必要がある。だからこそNOCを早く再開し、代替できない経験を積ませたい」と強調した。NUSはそれから5カ月後の10月、新型コロナの世界的な感染拡大が依然続く中で、NOCの再開に踏み切った。

シンガポールでは、南洋工科大学（NTU）やシンガポール経営大学（SMU）などの有力大学も、NUSと似た起業家育成プログラムや育成施設を持っている。ASEANの中でも、マレーシアのトゥンク・アブドゥル・ラーマン大学のように起業家向け育成施設を備えるところが増えている。

東南アジアでも2010年代以前は日本と同様に、金融機関や外資系など大企業への就職志向が強かったが、大学のカリキュラムの充実で在学中から起業する学生も増えている。ASEAN各国は次世代の技術や産業育成を担う人材を渇望しており、大学はその中核的な育成機関となる。起業家を育成する上での大学の重要性は今後もますます増していく。

## 充実する東南アジアのエコシステム

いかに創業者が優秀でそのビジネスモデルが画期的だったとしても、創業したばかりのスタートアップが成長するには、様々な関係者の支援が必要になる。こうしたスタートアップを取り巻く環境の総体はエコシステム（生態系）と呼ばれる。

米シリコンバレーのように、長年多くのスタートアップが生まれてきた都市は当然、エコシステムが充実しており、その充実した環境を求めて優秀な起業家や豊富な資金を持つ投資家が集まってくる。世界的に新たなイノベーションの担い手が従来の大企業からスタートアップに移りつつある中で、新興企業の成長を促すエコシステムを持っているかどうかは、その国や都市の競争力を左右する重要な要素になっている。

エコシステムを構成する主体には、これまで見てきた大学がある。第5章で触れた政府系ファンドなどの投資家もエコシステムの主要なプレーヤーだ。さらに政府や、起業を支援するアクセラレーターなど官民の様々な関係者がエコシステムを支えている。各国、各都市のエコシステムの優劣を比較する要素には、人材の豊富さや資金の集まりやすさ、市場の大きさ、関連企業との協業のしやすさなどがある。

米調査会社スタートアップ・ゲノムが2021年9月に公表した、スタートアップが育ちやすい都市の世界ランキングで首位になったのはシリコンバレー、2位に並んだのがニューヨークとロンドンだった。アジアでは4位に北京、8位に上海、9位に東京、16位にソウルが入っている。東南アジアで上位40位に入っているのは17位のシンガポールだけで、東南アジアはスタートアップのエコシステム構築という点では、まだ欧米や東アジアの主要国に及ばないというのが客観的な評価だ。

ただ、スタートアップ・ゲノムの同じリポートの「勃興するエコシステム」のランキングで、3位にインドネシアのジャカルタ、21～30位の層にマレーシアのクアラルンプールが入ったように、東南アジアの主要都市はスタートアップが育つのに必要な諸要素を少しずつ備え始めている。シンガポールのグラブやシー、インドネシアのゴジェックやトコペディアなどのように成功するスタートアップが増えれば、起業を志す若者も増え、投資マネーも集まってくる。今後、東南アジアのエコシステムがさらに充実し、世界ランキングでも順位を上げていく可能性は大いにある。

## ビザ取得から出資まで支援

ここからは、大学以外のエコシステムの構成者の役割について述べていこう。まず起業家を時に会社の設立段階から支援し、成長を促進するアクセラレーターだ。

インド出身のラジス・シャジは2020年1月、シンガポールに移住すると早速、中小企業の経費精算を効率化する決済システムの開発会社、ボロペイを立ち上げた。半年あまりで約60の企業との契約に成功し、起業から2年でインドネシアやインド、オーストラリアにも進出した。

シンガポールに来る前に、インド内外のフィンテック企業でキャリアを積み重ねてきたとはいえ、シャジがシンガポールに来た直後に会社を立ち上げることができたのは、背後にアクセラレーターの支援があったからだ。アクセラレーターのアントラーは、シンガポール移住のための起業家専用のビザ取得から手助けし、起業家育成の専用講座を通じて経営ノウハウを指南するだけでなく、ボロペイに10万ドル（約1150万円）を出資した。シャジの場合は当初から共同創業者がいたが、アントラーは数カ月間の育成プログラムの中で、創業パートナーや投資家、アドバイザーとの引き合わせなど、起業に必要なあらゆる点を支援、指導する。

アントラーは東南アジアだけでなく、欧米でも同様の育成プログラムを展開しているが、シンガポールのプログラムには、シャジのようにアジア中から起業志望者が集まってくる。数十人の枠に対して応募者は数千人単位で、受講は狭き門だ。人気の理由はシンガポールに起業しやすい環境が整っているためだ。「母国のインドはシンガポールほどフィンテック企業のエコシステムが洗練されていない。起業するにはスタートアップに開放的なシンガポールが最も良いと考え、計画的に移住した」（シャジ）

## シンガポール政府の新たなビザの狙い

アントラーがシャジの起業家専用のビザ取得を短期間で手助けできたのは、シンガポール政府と日頃から連携しているためだ。政府は「スタートアップＳＧ」のブランドの下、アクセラレーターやメンターとなる企業と提携しており、その企業数は約80に上る。アントラーもそのうちの1社だ。まず起業家の育成機関であるアクセラレーターやメンターを誘致した上で、彼らのプログラムに集う起業家にシンガポールを事業の拠点にしてもらう。それが起業のエコシステムの強化につながるという発想だ。

シンガポール政府の起業家専用のビザ「アントレ・パス」は、すでにベンチャーキャピタルから資金調達を終えた起業家だけでなく、政府認定のアクセラレーターのプログラムに参加しても取得が可能となっており、将来の起業家を取り込む仕組みが制度化されている。

2021年1月からは、すでに一定の成功を収めた起業家などを対象に「テック・パス」と呼ばれる新たなビザも導入した。就職先の企業が固定される通常の専門職ビザと異なり、このビザの取得者は複数の企業のアドバイザーになるなど自由度の高い働き方を選択できる。国内だけでは十分まかなえない、AIやビッグデータの専門家を国外から呼び込むのが狙いだ。テック・パスの取得者にスタートアップの幹部やアドバイザーに就いてもらい、国内人材の水準を引き上げていくことも目的としている。

テック・パスの取得条件は、「直近1年間の月給が2万シンガポールドル（約170万円）以上」など高く設定されており、当初の発給枠も500人に限定している。シンガポール政府が高度な能力の人材に絞って誘致しようとしていることが分かる。ドイツ出身で自らもシンガポールで起業したジュリアン・アートープは、「テック・パスは世界からシンガポールに起業家をさらに呼び寄せることになる」と見ている。

クレディ・スイスの2021年10月のリポートによると、ASEANではこれまでに35のユニコーンが誕生した。そのうち15がシンガポールから、11がインドネシアから出ており、この2カ国で全体の4分の3を占める。ASEAN全体の経済規模の4割弱を占めるインドネシアが多数のユニコーンを輩出するのは自然だが、人口わずか550万人の小国のシンガポールの数が最多なのは、多くのスタートアップを生む環境が整っているからにほかならない。

クレディ・スイスによると、35のユニコーンのうち77％が2011年以降に設立されたスタートアップだった。起業する若い世代が増え、大学や投資家などのエコシステムも充実してきた2020年代に、さらに多くのユニコーンが東南アジアから生まれるのは必然と言える。

# 第　7　章

# 3強に続く各国のスタートアップ

## マレーシア、タイ、ベトナムでも続々誕生

第1章～4章で、シーやグラブ、ゴジェック、トコペディアといった東南アジア生まれの巨大スタートアップについて、その誕生から巨大企業に成長するまでを見てきた。それらの成功に触発された次世代のスタートアップも続々と登場している。この章では、東南アジアで成長を続ける次世代のスタートアップを紹介したい。

東南アジアのスタートアップ、とりわけ企業価値が10億ドル（約1150億円）を超えるような大型スタートアップ（ユニコーン）は、シンガポールとインドネシアに集中している。

シンガポールは親ビジネス国家で、世界銀行が2020年まで発表していたビジネスのしやすさに関する国際調査でも、常にトップ5位以内に入っていた。世界的な金融機関が集まるハブとなっていることもあり、東南アジアやアジア全体に事業展開する企業はシンガポールを拠点に選ぶケースが多い。例えば、グラブはマレーシアで創業したが、本格的な成長を目指す段階で本社をシンガポールに移転した。シーはシンガポールを拠点に世界各国に進出する。

一方、インドネシアは東南アジア最大の経済大国で、大きな国内市場を持つことが魅力だ。ゴジェックやトコペディアはこの大きな内需をつかんで成長した。トコペディアは特にインドネシア市場に特化することで成長を続けてきた。

では、東南アジアの他の国はどうか。東南アジア第2位の経済規模を持つタイや、1億人前後の人口を持つベトナムやフィリピンでは、グラブやゴジェックといったユニコーンが東南アジアに誕生してからも、しばらくの間、ユニコーンは生まれなかった。

一因とされるのが経済の硬直性だ。その国の経済が国営企業や財閥に代表されるような大企業の支配が強い場合、革新的なサービスを生み出す起業家が誕生しにくい。

少し古い調査になるが、参考となるのが、英「エコノミスト」誌が2016年に調査した縁故資本主義指数だ。この指数が高いほど、財閥などによる経済支配が強く、革新的なサービスなどが生まれにくいと解釈することができる。この調査ではマレーシアが2位、フィリピンが3位に入った。シンガポールも4位に入っているが、汚職追放を徹底するなど縁故主義と決別する政策も奏功し、スタートアップが成長している。

そんな東南アジアでも、2021年に入り、マレーシアやタイ、ベトナムなどでユニコーン企業が相次いで誕生している。シンガポールとインドネシアで経済に大きなインパクトを与えたスタートアップの大波が他の国にも波及し、東南アジア各地で国営企業や財閥など既存勢力が支配的だった経済に風穴を開けつつある。

東南アジアでは、経済成長が進んで人々が豊かになるにつれて、消費も新たな段階に入っている。典型的なのが移動に関するニーズだ。グラブやゴジェックは、不明瞭な料金体系など旧態依然としたタクシーなど公共交通手段をスマホアプリを活用することで透明化した。さらに、宅配や金融の世界にも革新をもたらした。東南アジア各国でも、こうした消費者の移動ニーズを取り込む形で、スタートアップが誕生している。

## 中古車取引を透明化するカーサム

人々の生活が豊かになると、必ず起こるのがマイカーブームだ。これは20世紀を通じて米国や日本など多くの先進国が経験してきたことだ。21世紀に世界2位の経済大国になった中国が世界の新車販売を牽引していることからも、人々が豊かさとともに車を求めるようになる傾向に今後も大きな変化はないように思われる。

東南アジアは、二輪車から自動車への移行の真っ只中、と言えるだろう。新型コロナウイルスの感染拡大前には、タイやインドネシアを中心に自動車の新車市場はほぼ右肩上がりで堅調に成長していた。新車だけでなく、中古車市場も拡大している。インドのレッドシア・マネジメント・コンサルタンシーのリポートによると、東南アジアの中古車市場は2019年に500億ドル（5兆7500億円）規模になり、これはインドよりも大きく、中国市場と比較できるほどの大きさという。

だが、中古車取引は不透明な部分が大きく、品質や価格形成の面で課題があった。そうした課題を乗り越えようとしたスタートアップが、相次いでユニコーンの仲間入りを果たしている。マレーシアではカーサムが2021年6月、同国初のユニコーンとなり、シンガポールを拠点とするカーロやカルーセルも同年にユニコーンになった。

カーサムは2015年、マレーシアの起業家、エリック・チェンらが起業した。2022年3月の書面取材でチェンは起業の動機について、「私も共同創業者のテオ・ジュンイー（JT）も車の売買で痛々しい経験をしてきた」と明かす。チェンは起業した2015年当時、車の取引に関する情報を総合的に集めたサイトがないことが問題だと感じ、価格も含めた車情報のサイトとしてカーサムを始めた。

同社ホームページによれば、チェンはカーサムの前に複数のビジネスを起業したがどれもうまくいかず、再起をかけて始めた事業でもあったという。

前述の通り、最初は単に中古車の価格比較ができるサイトだった。しかし、サイトを運営しているうちにあることに気がつく。それは、中古車ディーラーと買い手の間の根強い相互不信だ。「車は便利なものなのに、中古車を買うプロセスは不便だった」。２０２１年の日本経済新聞とのインタビューではそう答えている。それを変えようと、彼は価格比較サイトだけでなく、中古車の売買ができるサービスに転換する。

「東南アジアでは、車は単に移動手段というだけではなく、家族の一部であり、一部の人たちにとっては収入を得る手段でもある」。そうしたものであるからこそ、「自動車売買が不便であってはならない」。家族の増加とともに、より大きな車に買い替えることが一般的になりつつある東南アジアで、安心して車を売り買いできるプラットフォームを作ることがチェンの使命になった。

カーサムは中古車の売買だけでなく、整備やカーローンなどの手続きを一貫して提供するサービスを展開することで利便性を上げ、利用件数を伸ばしている。従来はバラバラに手続きや申し込みをする必要があり、査定などの不透明さとともに中古車取引が敬遠される要因となっていた。

チェンによれば、「東南アジアの中古車市場は非常に断片化が進んでいる。（中略）上位10社の合計シェアがわずか3％しかない」という。チェンは市場が断片化されていることで取引が非効率になっていると、東南アジアの中古車市場の問題点を指摘する。デジタル化も遅れていた。そこに目を付けて、中古車取引にかかわるすべてを垂直統合しようと試みたのがカーサムだ。

カーサムのビジネスモデルは成功を収めているように見える。だが、前述のように、東南アジアではライバルとなるユニコーンも次々と誕生している。チェンは、「中古車市場には大きなチャンスがあり、他のプレーヤーも違った形でデジタル化を進めようとしている」とした上で、カーサムには他社にない強みがあると強調した。

「過去7年間に蓄積された大量の取引、検査、在庫データによるデータ優位性も強みだ。データによって独自の価格設定エンジンや、利用者一人ひとりに最適化されたサービスなどの中核的な機能に加えて、オートファイナンスや保険製品の提供といったサービスにもつながっていく」。他に、7年間で培った物流網やブランド名も財産になっているという。

カーサムは、マレーシアの他にシンガポール、インドネシア、タイでも事業を展開する。インドネシア、タイなどは二輪車から自動車への乗り換えが盛んになっている国々だ。2021年3月の日本経済新聞のインタビューでチェンは、当面は現在の市場を深耕することに注力する意向を示した。「カーサムはまだ東南アジアの中古車市場の1・5%を取ったに過ぎない。まだまだ成長の余地はあり、3%のシェアを取りたいと思っている」

「カーサムは、私とJTが当初想像していたものをはるかに超えた。チームで成し遂げてきたことを誇りに思っているが、私たちはまだ消費者が安心して車を所有できるようにする旅のほんの始まりの段階にいるにすぎない」。チェンは2022年3月の書面取材でカーサムが成し遂げたい目標について、こう語った。東南アジアの成長とともに、カーサムの快進撃もまだまだ続きそうだ。

## 宅配「ラストワンマイル」の戦い

中古車関連スタートアップと並んで熱いのが、宅配サービスを手掛けるスタートアップだ。日本では郵便システムが発達するほか新聞の宅配も当たり前になっているが、東南アジアでは、個人宅に荷物を正確・迅速に届けるサービスはつい最近まで皆無だった。

インドネシアを例に挙げれば、国営郵便ポス・インドネシアの配達は首都ジャカルタでさえも機能していなかった。少し昔のことになるが、2013年1月末、インドネシア商工会議所のインターンとしてジャカルタに滞在していた筆者（鈴木）のもとに、日本経済新聞社内からクリスマスカードが届いた。東京の郵便局の消印はなんと前年の12月上旬。こうした郵便物の遅配・誤配は日常茶飯事で、国際郵便小包も多くの場合、局留めにされてジャカルタ中心部の本局まで引き取りに行く必要があった。当時は民間の宅配も似たような状況だった。

ところが、である。2015年以降、グラブやゴジェックが東南アジア各国で利用を伸ばすと、両社のサービスを活用したネット通販や外食宅配サービスが急速に市民権を得た。

ジャカルタやバンコクの街角では、オフィス前でグラブやゴジェック経由で注文したランチの配達を待つオフィスワーカーの姿をよく見かける。新型コロナ禍での外出制限も相まって、個別宅配に対するニーズはますます高まっている。

米グーグルなどの2021年のリポートでは、東南アジア主要6カ国の2021年のネット通販の市場規模は1200億ドル（13兆8000億円）で、2019年比で3倍になった。2025年には2019年比で6倍強に成長する。

それに伴い、食品を含む宅配の市場規模も2021年に180億ドル（約2兆700億円）に到達する見通しで、2025年には2019年の3倍強の420億ドル（約4兆8300億円）になる見込みだ。矢野経済研究所の推計によると、2020年度の日本のラストワンマイル物流の市場規模は2兆5380億円というから、日本の宅配全体と同じ規模の宅配市場がすでに生まれたことになる。そして、急速に成長する東南アジア宅配市場は、近い将来に日本を大きく上回る規模に成長する。

これまで、インターネット経由での販売網を持たなかった各国の中小企業が続々とネット通販に参入するなか、欠かせないのが消費者への宅配までを含めた物流のソリューションだ。こうしたサプライチェーンの一翼を担う物流スタートアップに投資が集まり、この分野でのユニコーンが相次いで誕生している。

CBインサイツによると、2021年11月末、インドネシアのJ&Tエクスプレスが25億ドルもの資金を一気に調達した。日本円にして約2880億円だ。企業評価額は200億ドル（約2兆3000億円）に達し、世界有数のデカコーン（企業評価額100億ドル〈1兆1500億円〉以上）に急成長した。J&Tは中国のスマホメーカー、OPPO（オッポ）のトップを務めるジェット・リーとトニー・チェンが2015年に創業した物流会社だ。創業者の頭文字をとってJ&Tになったという。同社はインドネシアで生まれ、東南アジア周辺国や中国で事業を展開している。

タイではフラッシュ・エクスプレスを展開する物流スタートアップ、フラッシュ・グループが誕生し、シンガポールではニンジャ・バンもユニコーンの仲間入りをしている。

フラッシュ・グループはタイで初めてユニコーンになった。創業者のコムサン・リーは2018年に宅配サービス、フラッシュ・エクスプレスを創業した。タイ北部のチェンライで中華系の貧しい家庭に生まれたという。彼は、タイ紙「バンコクポスト」のインタビューで、「市場規模の大きい正しい産業を選択すれば、貧しい家庭に生まれようともユニコーンを作ることができる」と話す。

彼は適切なチーム作りも成功のカギだと主張する。「バンコクポスト」によれば、フラッシュは中国に300人の技術チームを持ち、タイでのサービスを支えているという。タイで創業したが、その視線はASEANでの拡大に向く。「タイでの成功を複写して、国境を超えて中小企業に多くの事業機会を生み出したい」と話す。

チャロン・ポカパン（CP）グループやサハ・グループなど、財閥の力の強いタイでさえも、能力と才覚さえあれば世の中に変化を生み出すスタートアップを生み出すことができる。コムサン・リーの体験は、インドネシアのトコペディア創業者、ウィリアム・タヌウィジャヤの経験とも重なる。豊かなものだけがより豊かになる旧来の東南アジア経済は、確実に変革期を迎えている。

## フィンテックが東南アジアで隆盛する背景

東南アジアでは、世界の潮流にある意味で先駆けるようにフィンテック企業が次々と誕生し、隆盛を極めている。

第1～3章で説明した通り、グラブやゴジェック、シーは成長ドライバーの1つとして、電子マネーなどの金融サービスを重視している。各国でP2Pレンディング（金融機関を介さず貸し手が借り手に直接お金を貸すこと）やBNPL（Buy Now Pay Later、後払い式決済手段）を提供するスタートアップも増えている。BNPLは日本でも、ペイディがペイパルに約3000億円で買収されたことで話題になった。

他にも、投資信託や保険商品などフィンテック企業が扱う金融商品の幅が広がっている。ビットコインに代表される暗号資産の取引所なども多く誕生している。もっとも暗号資産に関しては、マネーロンダリングなどを防止する観点から規制も強まっている。

東南アジアでフィンテックが伸びる背景には、シンガポールとマレーシアを除けば、既存の金融機関が個人レベルではあまり浸透せず、人々の金融ニーズが満たされていなかったことが大きい。世界銀行の2017年の調査では、各国の15歳以上の人口に占める銀行口座を持つ人の割合は、インドネシアで半数以下の48％、フィリピンで34％、カンボジアやミャンマーでは2割台にとどまる。日本やシンガポールでは限りなく100％に近い。

しかし、口座保有率が低い東南アジア各国でも、経済成長に伴って人々は様々なモノやサービスの消費を始めている。そのニーズを金融サービスでどのようにして満たすのかが課題となり、そこに巨大なビジネスチャンスがある。

例えば、少し大きな買い物をしようとしたとき、日本ならクレジットカードを使うことが多いだろう。家電量販店などでは信販会社と提携した分割払いなどのサービスもある。家や車などを買う場合には、銀行などでローンを組むことも普通だ。

日本では、金融機関がこうしたサービスを提供することが当たり前となっている。つい最近まで大手銀行でも口座維持手数料が無料で、誰でも口座を持つことができた。だが、東南アジアの伝統的な金融機関は収入の安定しない人の利用を断ってきた。貸し倒れリスクが高いためだ。口座保有率の低さに見られるように、伝統的な金融機関は、東南アジアの多くの人たちにとって身近なサービスとは言い難かったのだ。いかに庶民に金融サービスを提供するのか。金融包摂（Financial inclusion）と呼ばれるこの社会課題に果敢に挑むのがフィンテック企業だ。

フィンテック企業はいわば支店を持たない銀行のような存在で、スマホを使い、誰でも電話番号の登録だけで簡単に口座開設をできるようにして、利用者数を伸ばしている。そして、中国でアリババ集団系の金融サービス会社、アント・フィナンシャルなどが展開したように、ＡＩを使った与信を行い、金融機関の口座を持たない、金融サービスの利用歴がないなどの理由で従来の金融機関がお金を貸さなかった人たちにも資金を貸し付けた。インドネシアなどでは、基本的に銀行口座に紐づくクレジットカードに代わって、スマホアプリを利用した後払い式決済サービスの利用が急伸する。

東南アジアのある企業は、スマホアプリで住宅ローンに相当する金融サービスを実験した。金融サービス未発達の東南アジア新興国では、金融の革新で世界の最先端を目指している。

## ベトナムの急成長が生む好環境

そんな東南アジアのフィンテックシーンで、シンガポール、インドネシアの次に注目を集めているのがベトナムだ。みずほフィナンシャルグループは2021年12月、傘下のみずほ銀行がベトナムで決済サービス、ＭｏＭｏ（モモ）を運営するＭサービスの株式、７・５％

を取得したと発表した。ＣＢインサイツによると、Ｍサービスの企業評価額は22億ドル超（約２５３０億円超）となっている。

ベトナムでは、Ｍサービスの他にも、ソフトバンク・ビジョン・ファンドが出資するＶＮペイの親会社ＶＮライフや、グラブと戦略提携するモカなど、フィンテックを柱にするテック企業が相次いで成長している。

中でもモモは、決済を軸に生活関連のあらゆるサービスを網羅するスーパーアプリとしての地位を固めようとしている。みずほの発表によれば、同国のデジタル決済市場で５割超のシェアを持つという。

ベトナムは近年、東南アジアの中でも特に高い経済成長を続けている。２００７年には１人当たり国民総所得（ＧＮＩ）が低所得国に分類される１０００ドル以下（約11万円以下）だったが、２０２０年には２６００ドル（約30万円）となり、３０００ドル（約34万円）が目安とされる中所得国入りが目前となっている。一般に中所得国に到達すると、中間層の生活に余裕ができ始め、消費が拡大する。外食や旅行なども伸びる。ベトナムでは消費が急拡大するこの時期に、世界的なデジタル化の波が重なる形となり、フィンテックが花開いた。

米グーグルなどの調査では、ベトナムのインターネット経済の市場規模は、2030年に2021年比で最大11倍の2200億ドル（約25兆3000億円）になる見通しだという。市場拡大のスピードは東南アジア主要国で最速だ。ベトナム政府もフィンテックを重要分野の1つと位置づけて、投資の呼び込みを図っている。

## ゴミ処理をビジネスにする社会起業家

東南アジアのスタートアップは、前述の通り、社会課題をビジネスで解決するために誕生した企業が多い。グラブやゴジェックはタクシーに代表される公共交通サービスの改善が起業の大きな動機だった。カーサムは不透明な中古車市場の透明化に商機を見出し、フラッシュ・エクスプレスも中小企業に物流ソリューションを提供することでネットを通じた販売機会を提供することがその使命だった。

最近では、より大きな社会課題解決のためのビジネスを企図する若い起業家も多く誕生している。ここでは、インドネシアでゴミ問題解決を目指すWaste4Change（w4c、ウェイスト・フォー・チェンジ）と、培養エビ肉開発で食糧問題や環境問題解決を目指すシンガポールのシオック・ミーツを取り上げたい。

都市生活と切り離せないのがゴミの問題だ。リサイクルやプラスチックゴミ削減が叫ばれる現在でも、都市生活を続ける限り、ゴミの排出は続く。日本では、地域によって多少の違いはあるが、基本的に行政がゴミを収集して処理する。リサイクルやリユースの意識も広まるが、それでも環境省によれば、２０２０年には日本人１人当たり、１日に９１８グラムのゴミを出したという。

アジア各国の状況はもっと悪い。ゴミ１つ落ちていないのはゴミのポイ捨てに対して重い罰金を科しているシンガポールぐらいで、他の国では、道端で食品の包装紙などのゴミを見かけることが多い。世界的なプラゴミ削減の流れを受けて、レジ袋有料化やストロー廃止などに動く自治体もあるが、全体としては取り組みは遅いと言わざるをえない。

特に深刻なのは、家庭や企業から出るゴミの処理だ。ゴミ焼却施設がまったくないかほとんどない国が多く、排出されたゴミは郊外の処分場に積み上げられる。例えば、インドネシアの首都ジャカルタでは、郊外のブカシ市にゴミがうず高く積み上げられたゴミの山ができて、環境問題や健康問題を引き起こしている。

アジアでは、自治体は一般に慢性的な財源不足で、ゴミ処理を手掛ける能力に欠ける。しかも、経済成長と都市拡大でゴミは増え続ける。こうした悲惨とも言える状況をビジネスで解決しようとするのが、Waste4Change（w4c）だ。

創業者兼社長のビジャクサナ・ジュネロサノ（サノ）は、2020年3月のインタビューで、「インドネシアにおける廃棄物処理のマネジメントは責任のある形で行われていない」と話す。

彼が「ビジネスの仕組み自体はシンプルだ」と話すように、w4cは自前で設置したゴミ箱や回収容器からゴミを回収し、自社施設で分別して、使える資源はリサイクルに回す。生ゴミは堆肥にする。そうして、ゴミの容量を大幅に圧縮した上で、最終処分場に回すものは処分場に届ける。日本人にとっては当たり前のようにも聞こえるが、資金不足などもあって、インドネシアでは長い間実現していない仕組みだった。

w4cは非営利団体を出自としているが、サノの発想の優れたところは、ゴミ処理をあくまでビジネスとして展開したことだ。彼が「私たちは廃棄物マネジメントのコンサルタントだ」というように、w4cは単にゴミ処理事業を行う会社ではなく、行政や企業などに責任のあるゴミ処理の仕組みをコンサルティングすることでも収入を得ている。

彼は筆者（鈴木）とのインタビューで、「経済というファクターを抜きにサステナビリティは語れない」と話し、ビジネスとして安定的な収益を上げながら、社会貢献を続けていくことを強調した。

同社はベンチャーキャピタル（VC）から出資を受けて事業拡大を目指している。VC情報を収集するクランチベースによると、同社には、インドネシアの大手財閥シナルマス・グループのVCや、東南アジアのスタートアップに投資するイーストベンチャーズなどが出資した。投資したVCの1つ、アガエティ・ベンチャーズのゼネラル・パートナー、マイケル・スルジャディは、「インドネシアに違いをもたらすような強い社会的使命を帯びた会社への投資も続けている」と明かす。

## 培養エビを作るシオック・ミーツ

食料問題はアジアのみならず、世界中の課題だ。21世紀に入って浮上した深刻な問題の1つは肉食だ。これまでの世界の常識では、経済成長が進むにつれて、肉の消費が多くなることが知られている。21世紀に入って、中国やその他の新興国の成長とともに、豚肉などの消費が急増している。東南アジアでも、体感的には、鶏肉だけでなく、ステーキ店など牛肉料理を提供する店が増えている印象がある。

1キログラムの肉を作るためには、牛肉なら11キログラム、豚肉なら6キログラム、鶏肉でも4キログラムの穀物が必要になる。他に水も大量に必要で、肉食は環境負荷が高い。同様に魚肉に関しても、環境問題が指摘されている。天然魚は乱獲が進み、一方で東南アジアではエビ養殖のためにマングローブ林が破壊されるなど、サステナブルとは言い難い状況がある。

そうした課題の解決策として期待されるのが、人工的に作られた代替肉や培養肉だ。代替肉は大豆などの植物を使って肉を再現するもので、培養肉は肉組織を人工的に「養殖」する技術だ。

以前から大豆ミートなど広義の代替肉は存在していたが、本物の肉とはほど遠いものだった。だが、最近では、技術革新で本物と遜色ない食感や味わいを実現しつつある。先行する米国では、大手ファストフードチェーンのバーガーキングが、米インポッシブル・フーズの

シオック・ミーツを共同で創業したサンディヤ・シュリラム（左）とリン・カーイー（シオック・ミーツ提供）

代替肉を利用したハンバーガーを発売したほか、フライドチキン大手のケンタッキー・フライドチキンも、２０２２年1月から、米ビヨンド・ミートの植物由来の代替肉を使ったフライドチキンを期間限定で発売した。

さらに、次世代の技術として注目を集めるのが培養肉だ。世界各国で肉を培養する技術開発が進むが、シンガポールではアジア人の大好物であるエビなどの甲殻類の肉を培養技術で作るユニークなスタートアップ、シオック・ミーツが注目されている。

シオック・ミーツはシンガポール科学技術研究庁（ＡＳＴＡＲ）で同僚だった2人の幹細胞学者、サンディヤ・シュリラム、リン・カーイーが2018年8月に創業した。最高経営責任者（CEO）のシュリラムは、「2022年には商業生産用の工場を建設し、2023年半ばには培養肉の販売を始める。おおむね計画通りだ」と語る。日米欧韓など世界各地の投資家から調達した資金は3000万ドル（約35億円）に上った。

シンガポール西部、ジュロン・ウエストの工業地区。フードテックのスタートアップを支援する施設に、2リットルから最大200リットルまでいくつもの最新のバイオリアクター（生物反応槽）が並ぶ一角がある。白衣に身を包んだ若い研究者が、培養肉の商品化に向けて、甲殻類の細胞の増殖に最適な条件を探る作業を繰り返す。2021年11月下旬に開業したばかりのシオック・ミーツの小型工場で連日、見られる光景だ。

シオック・ミーツが手掛けるのは甲殻類の培養肉の開発だ。エビなどの細胞を取り出し、アミノ酸やたんぱく質などの栄養素が入った液体の中で4～6週間培養し、ミンチ状の肉を作り出す。高度な生物学の知識が必須であるほか、生物反応槽など高額の設備も必要となるため、参入する企業は多くない。特に甲殻類の培養に挑むスタートアップ企業は世界でも数えるほどだ。

シオック・ミーツは、エビやカニ、ロブスターの培養肉の開発にいち早く成功したフロントランナーだ。シュリラムは、「地球環境問題を抱えた水産業を技術の力で変革することは喫緊の課題だった」と話す。シンガポールの持続可能性・環境相、グレース・フーも、「シオック・ミーツの技術は多くの土地や水を使わず、二酸化炭素（$CO_2$）も排出しないで培養肉を作り出す革新的な手法だ」と期待を寄せる。

## ヘルスケア、教育でも有力スタートアップが登場

ここまで、東南アジア各国でスタートアップが相次いで誕生している様子を見てきた。各社の起業の根幹にあるのは、社会課題の解決という強い動機だ。新興国では、経済成長に伴う社会課題は枚挙にいとまがない。反対にポジティブな見方をすれば、社会課題の数だけ起業のチャンスがあると捉えることもできる。

実際、新興国では今、教育や医療などの分野でも次々とスタートアップが誕生している。いずれも予算的な制約などがあり、国家・行政の力が十分に及ばない分野だ。新型コロナ禍で対面による診察や授業が難しくなったことも、テクノロジーを活用した遠隔医療やオンラ

イン教育サービスの成長を促している。

医療分野では、スマホなどを使って遠隔医療を実現したり、自宅に薬を届けたりするヘルステック分野が伸びる。背景にあるのは東南アジアの医療水準の低さだ。経済協力開発機構(OECD)の2019年の調査によると、人口1000人当たりの病床数はインドネシアで1・0だ。OECD平均の4・7を大きく下回る。ちなみに、日本は13・1で世界トップだ。中国もOECD平均に近い4・3だ。同様に医師数でも、OECD平均の人口1000人当たり3・5人と比べて、例えばインドネシアでは0・3人と低い。

特に新型コロナ禍で病院に行かなくても、自宅でスマホを使って診察が受けられる遠隔医療サービスへの注目度が高い。例えば、インドネシアのハロドクはスマホアプリで医師の診察が受けられ、薬も宅配で受け取ることができる。同社は2021年4月、8000万ドル(約92億円)の資金調達を行ったと発表した。インドネシア最大級の複合企業、アストラ・インターナショナルや、シンガポールの政府系ファンド、テマセク・ホールディングスなどが新たに出資した。同社には、ゴジェックやインドネシア国営携帯電話会社のテルコムセルなども出資する。

エデュケーション（教育）とテクノロジー（技術）を合わせてエドテック企業とも呼ばれる教育スタートアップの分野では、インドネシアのルアングルなど、東南アジアで有力スタートアップが成長する。ある調査では、ＡＳＥＡＮ主要国に５００以上の教育関連スタートアップが存在するという。経済が発展するにつれて、高等教育に至る教育を重視する国民が増えていることに対応する動きと言えるだろう。東南アジアのお隣、インドではバイジューズやリードスクールがユニコーンとなっている。東南アジアでもユニコーンに成長するエドテック企業が誕生するまでそう時間はかからないだろう。

# 第　8　章

# 財閥第3世代が秘める可能性

## 同族経営が多い東南アジアの企業

東南アジアの多くの国で、民間の「財閥」が経済で大きな地位を占めている。グラブやゴジェックのような巨大スタートアップ企業がいわばゼロから誕生するなど、東南アジア経済にも変革の兆しは見えるが、財閥は依然、経済の主要プレーヤーとして君臨している。そして、財閥がスタートアップ企業に関心を寄せる例も出てきた。この章ではこうした財閥とスタートアップとの関係を、インドネシアを中心に見ていきたい。

財閥とは何か。『日本大百科全書』(小学館)によると、財閥という言葉は「明治時代に造成されたジャーナリズム用語で、当初、出身地を同じくする財界人グループの共同的事業活動をさすことばとして使用された」のが始まりだ。その後、「三井、岩崎(三菱)、住友などの大富豪、あるいは彼らの支配下で営まれる事業体を、財閥とよぶようになった」。さらに第2次世界大戦後になると、「『特定の家族あるいは同族の封鎖的な所有・支配体制の下で展開された多角的事業経営体』と理解される」ようになったという。

似た意味の外国語として、英語では conglomerate(コングロマリット)、ドイツ語では

konzern（コンツェルン）といった言葉があるが、これらの言葉は、ある産業で支配的な企業を複数束ねた企業体といった意味で、必ずしも家族経営、同族経営的なニュアンスはない。

東南アジアにおいて、ある一家が支配する企業集団を表現する場合、日本語の財閥という表現はかなり近いし、英語なら family business（同族経営）がその性格を正しく示していると思う。なぜか。東南アジアの企業集団では、創業家の意向が今でも経営に大きな影響を与えているからだ。英インペリアル・カレッジ・ロンドンの経営大学院の研究では、アジアの企業の85％が家族経営だという。

東南アジアでは主要企業に家族・同族経営の企業が多い。インドネシアでは、サリム・グループ（食品大手インドフード・スクセス・マクムルなど）やシナルマス・グループ（製紙大手アジア・パルプ・アンド・ペーパー、資源、不動産など）、リッポー・グループ（不動産、小売など）が代表だ。タイではチャロン・ポカパン（CP）グループ（食品、通信など）やサハ・グループ（日用品など）などが有名だ。ロバート・クオック（郭鶴年）が創業したマレーシアのクオック・グループ（アグリビジネス大手、ウィルマー・インターナショナル）も域内の有力企業集団だ。

東南アジアの財閥は多くの場合、戦中から戦後にかけて創業し、現在は創業家の第2世代や第3世代が経営に携わる場合が多い。創業家は経営に携わるだけでなく、実質的な支配株主としても企業グループをコントロールしている。

東南アジアの財閥の特徴は、華人系の財閥が多いことだ。現在でも中華圏とのかかわりが深いグループが多い。例えば、サリムの主要事業の持ち株会社であるファースト・パシフィックは香港に拠点を置く会社だし、シナルマスも中国で製紙などのビジネスを展開する。リッポー創業者のモフタル・リアディは、中国の習近平国家主席が福建省の共産党委員会書記だった時代に同州で発電所建設などを行い、関係を深めたという。

もちろん、フィリピンのアヤラ・コーポレーション（不動産など）のようにかつて同国を支配したスペインにルーツを持つ財閥や、インドネシアのＣＴコープ（テレビ局、銀行、大型スーパーなどを保有）のように、マレー系の財閥がないわけではない。

## 財閥経営者が表に出てこない理由

そうした財閥であるが、多くの場合、グループとしての経営状況が明らかでなく、経営者もメディアなどに登場する機会も少ないため、グループの実態は謎に包まれている。非上場企業が多く、財務諸表の開示もないケースがほとんどだ。また、創業家がどの程度の株式を保有しているのかなど、企業の支配・被支配に関する情報も不明確な場合が多い。

経営者の多くは目立つことを嫌い、メディアの取材にはほとんど応じない。インドネシアでは地元報道も含めて、財閥経営者が取材に応じることは稀だ。

特にそうした傾向が顕著なのはインドネシアだ。それには理由がある。インドネシアでは１９９８年まで約30年にわたり続いたスハルト長期独裁政権下で、財閥、とりわけ華人財閥が政権に取り入り、様々な分野の独占や寡占《かせん》を通じて、「経済を支配している」とまで言われるようになった。必ずしも出所は明らかではないが、「インドネシア経済の7割を華人財閥が占めていた」というフレーズをよく耳にする。そうした中で、１９９８年5月にアジア通貨危機の余波で、輸入物価が急上昇して経済が混乱すると、庶民の怒りの矛先は華人財閥に向かった。

米紙「ワシントン・ポスト」は1998年5月17日付の記事で、リッポーが開発したジャカルタ郊外の都市、リッポー・カラワチの様子をこう報じている。

メガモール（筆者注：リッポー・カラワチにある大型商業施設、かつてリッポーが保有していた）の外では、迷彩色を顔に塗った武装兵士たちが、複合施設の2階から灰色の煙が流れ出るなか、その地域をパトロールしていた。警備員として雇われ、白いヘッドバンドをつけた若い男たちが、子どもたちや10代の若者たちが外の詰め込みすぎのショールームの家具の上でぶらぶらしていた。

ジャカルタ暴動では、サリム・グループの総帥だったスドノ・サリムの邸宅も焼かれた。そして、多くの華人経営者がインドネシアを逃れた。アジア通貨危機下でのこの経験をきっかけに、財閥の経営者は表に出ることを避けるようになる。

インドネシアでは1998年の民主化後、不良債権処理の過程で、サリムやリッポーなど主要財閥が金融部門を手放したほか、事業のリストラも進んだ。ただ、今でもなお、インドネシア経済における財閥の存在感は大きいことを指摘しておきたい。

## 第３世代の特徴は「開かれた財閥」

東南アジアの財閥経営者は一般にあまり表に出てこない。記者会見などの場に姿を現すことはまれだし、取材を受ける機会もほとんどない。とりわけ、グループのトップが経営について語る機会はこれまでほとんどなかった。

もっとも、最近は少しずつ事情が変わってきている。日本経済新聞には、タイのチャロン・ポカパン（ＣＰ）グループ上級会長で中興の祖であるタニン・チャラワノンや、リッポーの創業者兼会長、モフタル・リアディの「私の履歴書」が掲載された。アジアを代表する企業集団を作り上げた２人の証言は多くの読者の関心を集めた。

とりわけ、財閥内で世代交代が進み、欧米で教育を受けた創業家出身の若い経営者たちは、メディアへの抵抗感が祖父母世代や親世代と比べて少なく、発言が報じられることも以前よりは増えている印象がある。

例えば、リッポーのトップ、モフタル・リアディの孫で中核企業リッポー・カラワチの最高経営責任者（CEO）であるジョン・リアディは、ダボス会議を主宰する世界経済フォーラムのヤング・リーダーに選ばれるなど、自社やインドネシア経済について積極的に発信している。シナルマス・グループで不動産部門、シナルマス・ランドを率いるマイケル・ウィジャヤも記者会見などに出席し、自らの言葉でビジョンを説明する。

前述の通り、東南アジアの財閥の多くは、第2次世界大戦前後に生まれた。現在では創業者の子ども世代が会長や社長などのトップを務め、孫世代に当たる30～40代が財閥の中核企業で要職に就くケースが多い。

インドネシアのシナルマスでは、製紙や不動産、パーム油など中核事業に第3世代がかかわる。例えば、不動産部門、シナルマス・ランドでは第2世代のムクタル・ウィジャヤが会長を務め、その息子のマイケル・ウィジャヤがCEOを務める。

サリム・グループでも、第2世代のアンソニー・サリムが巨大財閥の指揮を執る一方で、その息子のアクストン・サリムはインドフード・スクセス・マクムル（国民食インドミーの製造・販売会社）で商品開発に携わったり、デジタル関連の新規事業を開拓したりしている。フィリピンでも、ＪＧサミットでは第2世代と第3世代が業容拡大に奔走する。

## リッポーを率いる若きエリート経営者

東南アジアで財閥が経済の中心を担ってきたことは先に紹介した。欧米で教育を受けてきた第3世代の視線はスタートアップに向かっている。ここでは、インドネシアの2人の財閥第3世代とスタートアップとの関係を見ていくことで、その関係の一端を垣間見たいと思う。

２０２１年10月1日、インドネシア金融当局に提出された資料には、シンガポールのグラブ・ホールディングスがインドネシアの電子マネー「ＯＶＯ（オボ）」を運営する会社の株式の90％を取得すると記されていた。日本経済新聞やブルームバーグ通信の報道では、グラブは既存株主から株式を取得し、持ち分を39％から90％にまで引き上げたという。このディールで、創業したリッポー・グループは事業からほぼ完全に撤退した。

ＣＢインサイツによれば、ＯＶＯを運営する企業の企業評価額は29億ドル（約３３４０億円）で、インドネシアで5番目に誕生したユニコーンだ。グラブが90％の株式を取得するまで、ＯＶＯはグラブとトコペディアという東南アジアのユニコーン2社が主要株主に名を連ねる異色の企業でもあった。

ＯＶＯはインドネシアの主要な電子マネーサービスの1つで、首都ジャカルタのみならず、地方都市でも利用できる店舗を急速に広げている。最近インドネシアを訪れた人なら、紫色の背景に白いＯＶＯのロゴが書かれている看板を目にしているはずだ。このＯＶＯの生みの親こそ、リッポーの若き総帥、ジョン・リアディだ。

ジョンは1985年5月にニューヨークで生まれた。米ジョージタウン大学で政治哲学と経済を学び、米ペンシルベニア大学経営大学院では経営学修士号（ＭＢＡ）を取得。さらにコロンビア大学のロースクールに通い、米国弁護士の資格も得た。帰国後は、リッポーが運営する有名私大、ペリタ・ハラパン大学の教授として教鞭を執ったほか、リッポー系のメディアグループ、ベリタ・サトゥ・ホールディングスの経営にもかかわった。英字紙「ジャカルタ・グローブ」の編集長も務めた。前述の通り、世界経済フォーラムのヤング・リーダーにも選出されるなど、若きエリート経営者として注目を集める人物だ。

恵まれた家系に華やかな経歴を持つジョンだが、実際に会ってみると、実直でおごったと

リッポー・グループの総帥、ジョン・リアディ
（筆者撮影）

ころがない人物だ。多くの海千山千の財閥経営者を見てきた日系大手商社の幹部が、「正直すぎて、誰かにだまされやしないか心配になる」というほどの好青年だ。

そんなジョンが主導して2017年に始めたのがOVOだった。ただし、当初はリッポー・グループが持つ百貨店のマハタリや大型スーパーのハイパーマートなどで共通して使えるポイントサービスとして始まった。そして、2017年後半に電子マネーサービスに衣替えした。

2017年末に筆者（鈴木）はジョンにインタビューしている。そのときに彼は、「デジタルの世界では消費者の接点となりつつあるデジタルウォレット（電子財布）を制したものが顧客を制する」と力強く語っていた。

ジョンは2015年以降、リッポーが設立したベンチャー・キャピタル（VC）、ベンチュラ・キャピタルの実質的責任者として、リッポー・グループのデジタル事業を統括していた。ベンチュラはグラブの初期の投資家としても知られる。東南アジアのスタートアップの経営者や、投資家とのネットワークを持っていた。その中で得られたデジタルの知識と、家業であるリッポーの小売業を結び付けたのがOVOだった。

ジョンはOVOで成功を収めたが、その前には手痛い失敗も経験している。三井物産などと組んで鳴り物入りで始めたネット通販事業のマタハリモール・ドットコムは、地場大手のトコペディアやシンガポールのシーが運営するショッピーなどの牙城を崩せず、数年で事実上の撤退に追い込まれた。

## 失敗に学び、電子マネーで成功

マタハリモールは2015年9月に事業を始めた。インドネシアでスマホ普及率が伸び始め、様々なネットサービスが勃興した時代だった。ゴジェックも2015年にアプリでの配車や宅配を始めている。リッポーが運営する百貨店マタハリの名前を冠し、知名度も申し分ないはずだった。

ジョン・リアディの父親で、グループCEOのジェームズ・リアディは2016年11月、東京で世界経営者会議に参加した後の筆者（鈴木）とのインタビューで、「リッポーの次のステージはデジタルだ」と高らかに宣言した。ネット通販と電子マネー事業はその中核を成すはずだった。

その時点では、ネット通販は現実的に思え、電子マネーは夢物語のように聞こえたが、実際はすぐに逆転した。リッポーのネット通販は成長の見通しが立たず、リッポーの百貨店やスーパーなどを利用する6000万人のビッグデータを背景にした電子マネーのほうに経営陣は傾倒していった。ジョンの力点もネット通販から電子マネーに移っていく。

あるとき、ジョンの祖父で、リッポー創業者のモフタル・リアディにマタハリモールについて尋ねると、こんな答えが返ってきた。「ジョンはマタハリモールで大きな失敗をした。なぜか。それは買い手（ユーザー）のことばかり考えて、売り手のことを考えなかったからだ」

２０１８年になると、ジャカルタ・クニンガン地区のオフィスビルにあったマタハリモールの本社オフィスは、いつの間にかＯＶＯの本社に衣替えされていた。マタハリモールは、百貨店マタハリのネット通販サイトとして細々と運営が続いている。

モフタル・リアディによれば、ジョンがＯＶＯで成功した理由は、マタハリモールでの失敗から学んで、売り手が導入しやすい仕組みにしたからだという。そうすることで、加盟店を急速に伸ばすことに成功した。結果的に消費者の利便性も上がり、インドネシアでトップクラスの電子マネーに成長した。

ジョンにとって不幸だったのは、リッポーの中核事業である不動産事業の不振で、２０１９年12月にグループがデジタル事業からほぼ全面的に撤退したことだ。リッポーはジャカルタ郊外に１００万人が住む都市メイカルタを建設する巨大プロジェクトを立ち上げるなど積極的な投資を進めたが、インドネシア経済の成長の鈍化もあって、借金が膨らんでいく。リッポーは事業の選択と集中を迫られ、虎の子のデジタル事業を手放す決断をしたのだ。

現在、ジョンは、リッポーの中核企業、リッポー・カラワチのＣＥＯとして、不動産事業を中心にグループの指揮を執っている。2019年12月に東京訪問中のジョンにデジタル事業への思いを聞くと、彼は少し考えた後、こう答えた。

「(デジタルの世界での)自分の役割は主演ではなく助演だ」

インドネシアに電子マネーによる決済サービスを浸透させた主演男優の突然の退場には、さびしい気持ちがしてならない。

## デジタルに挑むシナルマス第3世代

インドネシアでは、スマホなどで医師の診療を受けられる遠隔医療が急速に伸びている。2020年に始まった新型コロナウイルスの感染拡大による行動制限で病院に通うことが難しくなり、デジタルによる遠隔医療の可能性が大きく開けた。

ジョコ大統領は2020年4月、国民に対して「オンライン診療で薬を処方してもらうよう」呼びかけた。新型コロナの感染拡大を防ぐための措置だという。スマホで遠隔診療を受けられるハロドクやクリックドクターなど、遠隔診療が一気にクローズアップされる。その中の1つが、シナルマス・グループ創業家の第3世代がかかわるサービスだ。

2019年9月25日、多くのインドネシア人にとって、実に意外な人が記者会見でメディアに姿を現した。大手財閥、シナルマス・グループの第3世代の1人、リンダ・ウィジャヤだ。彼女は自ら起業した遠隔医療スタートアップ、SehatQ（セハットQ＝私の健康）のCEOとして記者会見に臨んだ。

シナルマス・グループでは、グループ全体の顔役として第2世代のフランキー・ウィジャヤが各種式典などに出席するほか、不動産事業を担当する第3世代のマイケル・ウィジャヤが記者会見に時々出席するが、シナルマスの創業家、ウィジャヤ一族のその他のメンバーが公の場に姿を現すことは珍しい。リンダ・ウィジャヤが記者会見の場に出てくるのも、私たちが知りうる限り初めてだった。

ターコイズ・ブルーのTシャツに少し大きめのジャケット姿という、シリコンバレーのスタートアップ経営者のような格好でメディアの前に登場したリンダは、時々、少し早口になったものの記者会見をそつなくこなした。

その2日前、筆者はジャカルタ中心部にあるシナルマス・ランドプラザ内のオフィスでリンダの話を聞いていた。遠隔医療のスタートアップを始めた理由などについて、同僚ととも

シナルマス・グループの第3世代でSehatQ CEO、リンダ・ウィジャヤ
（筆者撮影）

に約1時間、話をしたが、印象に残っているのは彼女の表情が明るかったことだ。

「まずは利用者を獲得するために当面は利用料を無料にする」「インドネシアでは経済成長で医療ニーズが高まっている」「将来的にはグループの事業の柱の1つに育てたい」――。スタートアップの経営者としてのビジョンをとうとうと述べた。

## 歴史ある巨大企業の大転換

リンダ・ウィジャヤは1981年にジャワ島東部のスラバヤで生まれた。祖父はシナルマスの創業者、エカ・チプタ・ウィジャヤ（2019年死去）で、父は世界最大級の製紙メーカー、アジア・パルプ・アンド・ペーパー（APP）の会長、テグ・ガンダ・ウィジャヤという家に生まれた。2003年に米コロンビア大学で金融工学の修士号を取得し、2004年に父の経営するAPPに入社する。

リンダはAPPでインドネシア事業を統括する立場にあった。APPは売上高が200億ドル（約2兆3000億円）を超えると言われる巨大非上場企業だ。歴史あるその企業の中で彼女が最も心を砕いたのは、APPを近代的な環境対応の企業にすることだった。

APPの事業は、インドネシアの貴重な熱帯雨林を破壊しているとして、長年、環境団体の非難の的になっていた。環境団体グリーンピースは、包装紙などにAPPの製品を使っている欧米企業に狙いを定め、大規模なキャンペーンを展開した。中でも、玩具大手マテルに対する抗議活動は、ターゲットにされた側のリンダも「うまい活動だと思った」と振り返るほどインパクトがあった。

「バービー、もう終わりにしよう」。2011年6月、環境保護団体グリーンピースの活動家が米ロサンゼルス郊外にあるマテルの本社に侵入し、本社ビル屋上から巨大な垂れ幕を掲げた。バービー人形を作る世界的玩具メーカーだ。バービーの恋人であるケンが、「森林を破壊する女の子とは付き合えないよ」とバービーに別れを告げる内容で、APPの包装紙を使わないように圧力をかけた。同社をはじめ、欧米企業が相次いでAPPとの取引をやめた。

グリーンピースからの厳しい批判を受け、家業はかつてない危機を迎える。リンダは、熱帯雨林を守りながら事業を続ける道を模索する。そしてたどり着いたのが、紙・パルプの原材料をすべて植林でまかなう「自然林伐採ゼロ」方針だ。父や幹部らを説得し、APPは2013年2月、世界に向けて、自然林伐採をやめる「森林保護宣言」を発表した。

リンダに2016年にインタビューした際は詳しくは語らなかったが、社内で相当な反発があったことは想像に難くない。今でこそ環境対応は当たり前で、SDGs（持続可能な開発目標）も一般に浸透しつつある。だが、当時のインドネシアで環境対応を優先することがすんなり受け入れられたとは考えにくい。そのインタビューでリンダが語っていたのは、「家業とは、経済的な利益を求めるものというよりも、感情的な愛着が強い」ということだ。「APPで働くことへの義務感もあった」という。

だが、リンダはその後、ベンチャーキャピタル（VC）の経営者に転身する。そして、「自分でもスタートアップをやってみたくなった」とセハットQを起業した。新型コロナ禍でセハットQは業容を拡大している。APPなどの企業内診療所を展開し、リアルとネットの両方で医療ビジネスを伸ばす計画だ。シナルマス・グループの病院や金融事業などと連携して、デジタル分野での成長を目指す。

## 台風の目になる可能性

ここまで、主にリッポーのジョン・リアディとシナルマスのリンダ・ウィジャヤを通じて、財閥とスタートアップとの関係を見てきた。

タイ最大財閥のチャロン・ポカパン（CP）グループでも、電子決済などを扱うアセンド・マネーが2021年9月にユニコーンに成長した。同社には中国アリババ集団系のアント・フィナンシャル（現アント・グループ）も出資する。ブルームバーグ通信の報道によれば、同社が提供する電子マネー、トゥルーマネーはタイ市場で53％のシェアを持つという。CPグループがフランチャイズ運営するコンビニエンスストア、セブン-イレブンでの導入など、グループのリソースを活用して利用を伸ばしている。タイの他にインドネシアやミャンマー、カンボジアなど、東南アジア計6カ国で展開する。

財閥創業家の若手世代は、欧米の大学で最先端のビジネスや社会の動きを学び、そこで培った人脈や財閥の人脈を生かして、自分たちのビジネスを軌道に乗せようとしている。財閥の資金力でスタートアップの種をまき、それを成長させている。

もちろん、恵まれたリソースがあるからといって、起業の成功が保証されるほど甘い世界ではない。だが、財閥出身者が東南アジアのイノベーションの台風の目になる可能性は十分にある。

# 第 9 章

# 米中のはざまで

## 米中に圧倒的に集まるユニコーン

世界2強の大国である米国と中国の対立が、世界のテック産業に大きな影を落としている。米国は個人情報などのデータ保護を名目に中国のテック企業の締め出しを図り、中国も対抗措置に乗り出した。一方で、米中は巨大になりすぎた自国のプラットフォーマーに対してのコントロールを強化しようとしている。この章では、米中でのテック企業を巡る動きを概観した上で、東南アジアのスタートアップに与える影響について考察したい。

言うまでもなく、米国と中国には世界の主要なテック企業が集まっている。米国はICT（情報通信技術）の技術革新で世界をリードしてきた。米カリフォルニア州のシリコンバレーに代表されるように、IT分野の企業が集積して世界中の投資マネーを集めている。GAFAと呼ばれるグーグル（親会社はアルファベット）、アップル、フェイスブック（2021年にメタに社名変更）、アマゾン・ドット・コムを筆頭に、マイクロソフトやオラクルなど、古参のIT企業も含めて、世界で最もテック企業が集積する。

中国では、深圳《しんせん》などが「中国版シリコンバレー」として発展し、アジアのみならず世界に影響を与える巨大ＩＴ企業が次々と育ち、スタートアップも続々と誕生している。ＧＡＦＡに対して、ＢＡＴと呼ばれる、百度（バイドゥ）、アリババ集団、騰訊控股（テンセント）が代表格で、中国を世界2位の経済大国に押し上げる原動力の1つとなった。

スマートフォン（スマホ）や携帯電話ネットワークの通信機器などを製造する華為技術（ファーウェイ）、ＩＢＭのパソコン部門やモトローラの携帯電話部門を買収したレノボなど、ハードウエアを設計・製造する企業も多い。最近では、デザインやコストパフォーマンスに優れるスマホを開発・製造する小米（シャオミ）やＯＰＰＯ（オッポ）なども育つ。

こうした成熟したテック企業の他に、無数のスタートアップが両国のテック業界を形作っている。企業評価額が10億ドル（約１１５０億円）以上の大型スタートアップ、ユニコーンの数を見ても、両国のテック産業の充実ぶりは世界の他の国を凌駕する。独スタティスタのまとめによると、２０２１年4月現在、米国には世界最多の２８８社のユニコーンが存在する。中国は2位の１３３社だ。3位のインドが32社だから、両国の突出ぶりがよく分かる。

それに対して、この調査では、東南アジアは、併せても10に満たない。クレディ・スイスの調査では35社だが、米中とは1ケタ違う。シンガポールのグラブやインドネシアのネット通販大手ブカラパックが上場し、ユニコーンを「卒業」した。インドネシアの旅行ネット予約大手トラベロカも上場を計画していて、ユニコーンのリストから外れる見通しだ。カーサム（マレーシア）やフラッシュ・エクスプレス（タイ）など、新たなユニコーン昇格組が徐々に加わっているものの、ユニコーンの数だけを見れば、テック先進国である米中の背中はまだ遠い。

## 「テック・クラックダウン」の衝撃

２０２０年11月3日夜、世界の株式市場に衝撃が走った。アリババ集団傘下の金融会社、アント・グループが香港と上海で計画していた新規株式公開（ＩＰＯ）を延期すると発表したからだ。アリババ創業者の馬雲（ジャック・マー）がその発言を巡って、中国金融当局から聴取を受けたことが理由とされた。11月５日に予定されていた３７０億ドル（約４兆２６００億円）の超大型上場計画は、直前で延期となった。

当初は、中国当局によるテック企業への締め付けというよりは、当局がジャック・マー個人の発言を問題視したためだ、との見方が強かった。彼は10月下旬の上海市の講演で、「良いイノベーションは（当局の）監督を恐れない。ただ、古い方式の監督を恐れる」などと述べていた。この発言が、金融当局の監督手法の遅れに不満を示したと受け止められたという推測だ。

例えば、ロイター通信は11月7日付で「舌禍が招いたアント上場延期、ジャック・マー氏の大誤算」という原稿を配信した。

この発言がきっかけとなり、最終的にはアリババ傘下の電子決済サービス「アリペイ」を運営するアント・グループの上場が一時延期される事態へと発展したと、ロイターが取材した政府当局者や企業幹部、投資家らは口をそろえる。それによると、馬氏が批判を浴びせた金融監督当局や共産党幹部らは感情を害し、同氏が一代で築き上げた「金融帝国」の頭を抑える作業に乗り出した。（ロイター通信）

だが、こうした、ある意味で楽観的な見方は次第に裏切られるようになる。

「プラットフォーム経済の短所を正し、技術革新に向けた環境を整備する。主要な矛盾や問題を解決し、プラットフォーム経済の健全でサステナブルな発展を推進することに集中すべきだ」

中国国営・新華社通信は2021年3月15日、国家主席の習近平が中央財経委員会の第9回会議で「重要な演説を行った」として、こう伝えた。習の発言が伝えられた後、中国当局は、独占禁止法違反などを理由にテック企業への締め付けを厳しくしていった。この段階に至り、ジャック・マーの失言だけが締め付け強化の理由でないことが明白になる。

2021年4月には、アリババに対して、取引先にアリババの競合企業と取引をしないよう迫ったとして、日本円にして約3000億円の巨額の罰金を科した。中国の独禁法違反事案では過去最大の罰金額だという。

アリババだけではない。テンセントは5月に入って、個人情報の違法収集を指摘されて是正を命じられたほか、ネット通販の京東集団（JDドットコム）、出前アプリの美団など13社も中央銀行である中国人民銀行から呼び出され、監督を全面的に受け入れるよう指導を受けたという。「企業の自由にはさせない」。中国当局の監督方針はそんな「意気込み」を感じさせた。

スタートアップも例外ではなかった。中国配車アプリ最大手の滴滴出行（ディディ）は２０２１年7月、アプリのダウンロード停止命令を受けた。新規の顧客を獲得できなくなるため、テック企業にとっては厳しい営業禁止措置と言える。当局は、同社のアプリの個人情報の扱いなどに関して調査していたというが、違反の詳細については明らかになっていない。

ディディは6月末に米国で預託証券（ＡＤＲ）を新規上場したばかりだった。欧米メディアの報道によれば、中国当局は米国上場によって個人情報が米国に流出することを懸念し、ディディに対して上場しないように要請したとされるが、同社はその要請を無視して上場を強行した。当局の逆鱗《げきりん》に触れたディディは結局、わずか5カ月でニューヨークでの上場廃止の決定に追い込まれた。

中国は従来、民間企業に自由に営業させることで、ＩＴ産業の振興を図ってきた。だが、貧富の格差の拡大を受け、習近平指導部は、豊かな中国の象徴であり、ある意味では格差の象徴ともなってしまった大手テック企業への監督を強めている。２０２１年には中国当局によるテック企業への「締め付け」「弾圧」を意味する「tech crackdown」や「China tech crackdown」という言葉が欧米メディアに盛んに取り上げられた。

ブルームバーグの報道によれば、中国当局による締め付け強化以降、中国の主要テック企業の時価総額は1兆ドル（約115兆円）も減少した。2021年12月の日本経済新聞電子版によると、2021年末の世界の時価総額トップ10から中国企業の名前が消えた。2020年末には、テンセントとアリババがトップ10に入っていたにもかかわらずだ。

## 米国でも強まるテック規制論

では、米国はどうか。米国でも実は、中国とは違う形でテック企業への風当たりが強まっている。ここでは、2017年に大統領に就任したドナルド・トランプと、2021年に就任したジョー・バイデンの2つの政権について、対テック企業政策を見ていきたい。

「アメリカ・ファースト（米国第一主義）」を掲げたトランプは、超大国として台頭しつつある中国を激しく牽制する政策をとった。そのハイライトは中国との貿易を制限する、いわゆる米中貿易戦争だった。トランプの言によれば、それは「中国との貿易不均衡の解消」だったが、多くの人の目には劇薬に映った。

様々な中国企業が痛手を被ったが、テック企業も例外ではなかった。米政府は中国の通信機器大手、ファーウェイの通信機器から情報が漏洩する可能性があるとして、米国内での同社製通信機器の使用を禁じた。特に当時、各国が投資を進めていた第5世代携帯電話（5G）ネットワーク構築から同社を排除する。米国の同盟国の多くが同様の措置をとり、ファーウェイは市場から締め出された。また、米商務省が2019年5月、安全保障上の懸念がある外国企業のリストにファーウェイを追加したことで、グーグルはスマホの基本ソフト（OS）、アンドロイドのファーウェイへの提供を停止し、ファーウェイは独自OSの搭載に切り替えた。

「このリスクは本物だ！」。トランプは2020年8月6日に大統領令を出し、若者に人気の動画投稿アプリ、ティックトックの米国事業について、情報流出や中国共産党の意向に沿った検閲を行っていると批判し、45日以内に売却するよう迫った。売却は実現せず、バイデン政権は方針を見直しているとも報じられてはいるが、中国のテック企業に対する風当たりはバイデン政権になっても変わっていない。

米財務省は2021年12月、中国のAI（人工知能）企業の商湯科技（センスタイム）を投資制限の対象に加えた。新疆《しんきょう》ウイグル自治区に住むイスラム教徒の少数民族に対する抑圧に加担したとの理由だ。同社は優れたＡＩ技術を持つ企業で、日本からもソフトバンクグループが出資している。だが、米財務省は、センスタイムが「ウイグル族の特定に大きな重点を置いて、対象者の民族性を識別できる」ような顔認識プログラムを開発し、中国当局のウイグル族弾圧に協力したと批判している。

米国では、中国企業だけでなく、自国の巨大テック企業への風当たりも日増しに強まっている。その背景を要約すれば、テック企業は消費者や労働者を欺いて、利益を独占しているのではないかとの疑いを持たれていると言えるだろう。

バイデン政権は２０２１年６月、米国の独占禁止当局である米連邦取引委員会（ＦＴＣ）の委員長にコロンビア大学法科大学院准教授のリナ・カーンを指名し、上院で承認された。リナ・カーンは巨大ＩＴ企業への規制を主張する反トラスト法（日本の独占禁止法に相当）の専門家だ。テック企業批判の急先鋒として登場した学会の若きスターだ。

バイデンは、国家経済会議（ＮＥＣ）のテクノロジー・競争政策担当の大統領特別補佐官にも、少数の巨大ＩＴ企業が支配するデジタル市場への批判で知られるコロンビア大教授のティム・ウーを起用している。

米上院では、内部告発者が公聴会で、フェイスブックが「子どもたちをインスタグラム（傘下の写真共有アプリ）漬けにしている」と証言し、同社が消費者の安全などよりも利益を最優先にしていると批判した。同社はこうした内容を否定している。一方、ベトナムなど一部の国では、利用者情報が当局に提供されていることが明らかになった。「当局との摩擦を避けて事業継続を優先する姿勢だ」と、こちらも強い批判を浴びている。

## 東南アジアで起きている「ゴールドラッシュ」

前項では、世界の2大経済大国である米国と中国でテック企業やスタートアップに対する規制が強まっている様子を見てきた。以下では、こうした米中の動きが、東南アジアのスタートアップにどのような影響を与えているのかを見ていきたい。

これまでの章で見てきたように、東南アジアでは、シーやグラブ、それにゴジェックとトコペディアが合併してできたＧｏＴｏ（ゴートゥー）など、すでに成熟期に入ったと言える巨大スタートアップだけでなく、文字通りの新興企業まで、世界中の投資家の資金を呼び込んでいる。

ベンチャーキャピタル（VC）情報に詳しいディールストリートアジアによると、2021年1～6月の東南アジアのスタートアップ企業への投資額は117億ドル（約1兆3500億円）だった。新型コロナウイルスの感染が拡大する前の2019年1～6月を上回る。2021年前半はインドネシアなどで新型コロナの変異株デルタ株が猛威を振るい、外出制限など経済活動に大きな制約があったにもかかわらず、世界の投資家の資金が東南アジアに流入したのだ。そして、2021年通年では257億ドル（約2兆9600億円）に達し、2020年の2・7倍となった。これまでのピークだった2018年も超えた。その勢いは、日経の英字媒体 Nikkei Asia が「ゴールドラッシュ」との見出しで報じたほどだ。

インドネシアなどでは空前のスタートアップ起業ブームが起こっている。東南アジアに住んでいれば、次々と新しいサービスが世に現れていることを肌で感じることができるだろう。CNBCインドネシアが当局者の話として報じたところでは、インドネシアには2070社のスタートアップが存在するという。

2017年にインドネシア通信・情報相（当時）のルディアンタラは、2020年までに

「１０００社の起業を実現する」と豪語していた。その頃は、誰もが名前を知るような目立ったスタートアップと言えば、ゴジェックとトコペディア、トラベロカくらいしかなく、多くの人は数えるほどの企業名しか知らなかった。

そんな国で１０００社起業などという話は、正直に言って夢物語のようにしか思えなかったが、結果的にはそれを大きく上回るスタートアップが誕生し、インドネシア経済に大きなインパクトを与えている。その成長の速さには、ただ驚くしかない。

筆者（鈴木）がジャカルタに住んでいた際に、実際にその熱狂の一端を垣間見たことがある。２０１９年のことだ。ジャカルタ中心部セノパティ地区にある瀟洒《しょうしゃ》なカフェの一角で、隣席の若い女性がプレゼン資料を片手に投資家と思しき男性たちと向き合っていた。

「利用者は来年には１００万人になります」

「事業展開の見通しは」

こんな会話が30分ほど続き、女性は自分の立ち上げたい事業について熱心に投資家に説明していた。投資家たちが彼女の事業に投資したのかは分からないが、起業家が投資家にピッチ（短い勧誘プレゼン）をする姿はジャカルタ滞在中に何度も目にした。

米連邦準備理事会（ＦＲＢ）をはじめとする世界中の中央銀行の金融緩和でマネーがあふれかえり、世界中の投資家が有望な投資先を物色していたという事情はある。だが、金融引き締めのフェーズに入った２０２２年以降も、東南アジアに対する熱視線は大きくは変わらないように見える。

## 高い経済成長がスタートアップも牽引

東南アジアのスタートアップへの投資は、単に世界的なカネ余りによるマネーの流入といった一時的な現象にとどまらず、堅調な成長を続ける可能性が高い。ここでは、その裏付けとなる背景を説明したい。今一度、東南アジア経済が置かれた状況を簡単におさらいしよう。

アジア開発銀行（ＡＤＢ）が２０２１年12月に発表した「アジア開発見通し（Asian Development Outlook）」の改定版によると、東南アジアの２０２１年の国内総生産（ＧＤＰ）は３・０％増になったようだ。９月時点の予測よりも伸びは微減したが、２０２０年のマイナス４％からプラス成長に転換した。

ＡＤＢによれば、２０２２年は５・１％の成長が見込まれている。この数字は米国（３・９％）、ユーロ圏（４・５％）、日本（２・９％）を上回る高い成長率だ。新型コロナの感染再拡大の可能性やロシアによるウクライナ侵攻の悪影響もあり不確定要素が多いが、新型コロナが終息すれば、経済は高い経済成長に戻ることが期待されている。

個別の国では、東南アジア最大の経済規模を持つインドネシアが２０２２年に５％の成長を回復する見通しだ。近年成長が著しいベトナムやフィリピンも高い成長軌道に戻る。ベトナムは、中国に代わるハイテク産業の集積地として投資を集めている。韓国サムスン電子がスマホの製造拠点とするほか、米アップルも一部製品をベトナムの工場で生産する。

そして、「人」も大きなファクターだ。経済成長のベースとなる人口は、人口世界4位のインドネシアや、1億人前後の人口を抱えるフィリピン、ベトナムを中心に、ＡＳＥＡＮ（東南アジア諸国連合）10カ国の合計で6億６０００万人を超える。14億人近い人口を持つ中国やインドと比べれば約半分だが、日本や米国、ユーロ圏などと比べても大きな人口を持つ。

先進国と比べて、人口が若く、テクノロジー受容にも積極的だ。国の枠を超えた域内市場の統合も緩やかに進む。2022年1月には東アジア地域包括的経済連携（RCEP）が発効し、ASEANを核とするアジア地域の経済統合も前進する。

国民の起業意識も高い。各国の起業意識などを調査している「グローバル・アントレプレナーシップ・モニター（Global Entrepreneurship Monitor）」の最新データによると、各国の18歳から64歳までの人で3年以内に起業を考えている人の割合は、インドネシアで26％（2020年）、タイで31・5％（2018年）、ベトナムで25％（2017年）と軒並み高かった。米国（12・5％）や中国（21・4％）を上回る。一方、日本はわずか4・3％だ。若者を中心とした東南アジアの人々のチャレンジ精神がスタートアップブームの底流にある。

そして、重要なのは、高い経済成長を背景に、東南アジアに住む人々の暮らしが急速に変わっていることだ。それは生活のあらゆる面に及ぶ。貧困を抜け出して可処分所得の高い中間層に属する人が増え、高等教育を受ける人も増加している。

例えば、いち早く発展したシンガポールを除けば、東南アジアのほとんどの国では個人の移動手段は自動二輪車（バイク）が中心だった。それが経済成長とともに、次第に自動車の販売が伸びている。

また、インドネシアやフィリピンなどの島国では、庶民の移動手段はフェリーやボートだった。それが、マレーシアを拠点に域内に展開するエアアジア・グループ（現キャピタルA）やインドネシア発祥のライオン航空のような格安航空会社（LCC）が誕生し、安価に、より迅速に移動できるようになった。さらに、2015年ごろからグラブやゴジェックが普及したことで、人々がより気軽に移動ができるようになり、ビジネスや観光の需要が生まれている。

## 米中対立が東南アジアに有利にはたらく

米国と中国の対立は、東南アジア経済にとっては有利な状況を生み出す可能性が高い。インフラ投資では、中国の習近平指導部が進める「一帯一路」構想と、米国のバイデン政権が主要7カ国（G7）と共同で始めた「Build Back Better」イニシアチブが新興国のインフラ開発でしのぎを削る。インフラだけではない。テックの分野でも、米中がデジタル化の進む東南アジアを狙って競争を繰り広げている。事実、グラブやGoToには、米中の名だたる企業が投資する。

中国や米国でのテック企業への締め付けも、東南アジアに資金を向かわせる要因となりうる。東南アジア各国は一般に、米国や中国その他先進国と比べて、テックに関する規制が緩い。代表的なのは、データローカリゼーション規制と呼ばれる、個人情報を含む企業データを自国内に置くように求める規制だ。

中国は2017年6月にサイバーセキュリティー法を制定し、個人情報などの中国国外への移転を規制した。米国も前述の通り、米国民の情報流出懸念から、中国テック企業の活動を規制した。欧州連合（EU）では2018年5月、EU一般データ保護規則（GDPR）が実質的に発効した。EU加盟国とEFTA（欧州自由貿易連合）加盟国で構成するEEA（経済領域）域外への個人情報の移転を制限し、企業に適切なデータ処理を求める規制で、この義務に違反した企業には、行政罰として年間の全世界売上高の2％または1000万ユーロ（約13億円）という高額の罰金が課せられる。

一方、東南アジアでは、インドネシアなどでデータの国外移転に関する規制が導入されているが、一般に当局の締め付けは先進国や中国ほど厳しくない。利用者の個人情報や利用履歴などを活用したマーケティングやサービス開発などがやりやすく、それがイノベーションを促進してきた側面もある。

## 一層のビジネス環境改善がカギに

東南アジア各国は、世界中から投資を集めようと、スタートアップを成長させるための制度改善を図っている。

例えば、スタートアップの成長を牽引するフィンテック分野では、シンガポールやタイ、インドネシアが実験的なサービス提供を容認するサンドボックス制度を導入している。ベトナム政府も２０２１年、投資法改正に動いた。ベトナムは、同国をシンガポールや香港に続くアジアにおける第3のスタートアップハブにすべく、フィンテックの成長を後押ししている。サンドボックス設定や、暗号資産（仮想通貨）の活用に関する制度作りを進めている。

日本でも２０１８年6月、生産性向上特別措置法に基づいてサンドボックス制度が導入され、２０２１年6月には産業競争力強化法で恒久的な制度として定められたが、依然規制が多く、世界のイノベーションに劣後していく状況は残念ながら何も変わっていない。

ここまで、東南アジア各国は、そもそも先進国と比べてテック企業に関する規制が緩いことに加えて、サンドボックスなどの規制緩和やスタートアップ振興も進めている様子を紹介した。ここで、投資環境の課題を取り上げておきたい。

世界銀行グループがまとめた各国のビジネスのしやすさをまとめた「Doing Business 2020」（2019年調査）を見ると、その課題の一端が見えてくる（同調査は調査過程で一部不正が発覚した。本稿では修正後のデータを利用している）。

東南アジアにおけるビジネス環境は、一般に発展途上にある。世界190カ国・地域のうち2位にランクインしたシンガポールを除けば、課題は多い。

特にスタートアップにも関連しそうな「ビジネスの始めやすさ」という項目を見てみよう。この項目は法人登記など起業に必要な許認可にかかる時間などを評価したものだ。シンガポールはこの項目でも世界4位だ。一方、マレーシアは、「ビジネスのしやすさ」では世界12位につけたものの、「ビジネスの始めやすさ」では126位に後退する。他の国は、タイ47位、ベトナム115位、インドネシア140位といずれも課題を残す。ちなみに同項目で米国は30位、日本は106位だ。

魅力的なスタートアップを生み出し、その企業が世界から投資を集めることで経済を発展させる。こうした青写真を実現するためには、一層の規制緩和が欠かせない。そして、投資家にとってもより魅力的な環境を作ることが、東南アジアのスタートアップの浮沈を左右する。

## ビジネスを揺るがすギグワーカー保護

米国や欧州、中国などと比べて、東南アジアではテック企業に対する当局の締め付けが比較的緩い。それが、世界からの投資を集め、急激な成長を支えてきた。

だが、世界各国で広がるテック企業が生み出す新たなサービスと社会との摩擦や論争に対して、東南アジアのテック企業も無縁ではいられない。東南アジアでも急増するギグワーカーを巡る世界での議論を例に説明したい。

2021年8月、米国でテック業界の行方を左右する重要な判断が下された。米カリフォルニア州の高等裁判所が、配車サービスや宅配サービスのドライバーとして働く人たちを労働法の適用除外とすることを決めたプロポジション22について、同州憲法に違反するという判決を下したのだ。

プロポジション22は、配車最大手のウーバーテクノロジーズや同業のリフトなどの強力な後押しを受けて、2020年に住民投票で可決されていた。有力な国際人権団体、ヒューマン・ライツ・ウオッチとアムネスティ・インターナショナルは同年11月の共同声明で、プロポジション22の可決は、「同州のアプリを利用した企業のために働く労働者の権利を蝕《むしば》み、世界や米国に対して危険な先例を作るものだ」として深い懸念を表明した。

ウーバーやリフトなどは、配車や宅配サービスのドライバーとして働く人に個人事業主として仕事を請け負ってもらい、それに対する対価を支払ってきた。宅配回数に応じたインセンティブなどを与える企業も多いが、単純に言えば、決まった額の日給や月給を支払うのではなく、1回ごとの仕事に対する報酬を支払う方式だ。

この方式の利点は、従業員として雇用するよりも、はるかに多くのドライバーを集めることができる点だ。多数のドライバーを配置すれば、事業を拡大しやすいし、利用者の待ち時間も少なくできる。また、利用者がドライバーを評価する仕組みを導入することで、多くのドライバーの中から質の高い運転手が見つかり、結果的にサービス向上につながる。本業とは別に副業として週末だけ働いたり、学生が夏季休暇中だけ働いたりするような自由な働き方も実現している。

一方で、ギグワーカーは、決してバラ色の働き方ではないことが次第に明らかになってきた。とりわけ、従業員とみなされていない以上、各国の労働法制が保障する労働者保護の権利を十分に享受できないことが問題視されている。

労働法制の適用範囲外に置かれるということは、多くの国で導入されている最低賃金なども保障されない。テック企業側は、究極的にはドライバーの生活を保障する義務はないし、その必要もない。彼らは制度上、テック企業の従業員ではないのだから。

第3章で触れたが、インドネシアでは運転手たちが労働組合を結成するなどして、「賃上げ」を求めるデモを行う風景がよく見られるようになった。しかし、プラットフォーマーとも称される巨大テック企業と、その仕事を請け負う労働者たちではどちらに分があるかは言うまでもないだろう。

その意味で、カリフォルニア高裁の判断は画期的だった。この判断が最高裁判所でも維持されれば、ドライバーがプラットフォーマーの従業員として扱われ、最低賃金や社会保障などの保護を受けることになるからだ。

反対に企業目線で言えば、理論上はアプリでドライバーとして登録している運転手全員に対して、最低賃金などを支払わざるをえなくなる。そのような事態になれば、おそらく、企業側は登録しているドライバーの大半を「解雇」せざるをえなくなる。そして、残った運転手にとっても、勤務時間などが設定されて自由な働き方が大幅に制約される。配車サービスのビジネスモデル自体が成り立たなくなる恐れもある。

シリコンバレーを抱え、米国のイノベーションの発信地であるカリフォルニア州での司法判断は、世界のテック規制に大きな影響を与えることは間違いない。

## 東南アジアも世界の潮流は無視できない

プラットフォーマーとその末端で働く労働者たちを巡るせめぎ合いは、中国にも飛び火している。中国の交通運輸省は２０２１年11月末、配車サービスのドライバーの権利保護に向けた新たな規制の概要を公表した。企業側に対して、運転手に社会保険の提供や休憩時間を与えるなどの義務を課すという。ロイター通信によると、当局は「配車サービス会社は利益配分の仕組みを改善すべきだ」として規制の強化に踏み切った。

中国は、鄧小平以来の改革開放政策の果実として、経済が世界2位になるまで成長した。この章の冒頭で紹介した通り、2010年代には民間のテック企業が世界有数の企業に育った。しかし、その副作用で貧富の差が拡大する。社会主義の理念からすれば、これは放置できる問題ではない。

中国国家主席の習近平は2021年8月17日、中国共産党中央財経委員会で「共同富裕」を促進すると発言した。貧富の差を積極的に縮小する動きで、前述した中国テック企業に対する締め付けもこの文脈で解釈できる。

中国にとってもギグワーカーの問題は重大だ。配車サービスを提供する巨大プラットフォーマーが労働者を搾取するという構図を排除しなければ、社会の不満が高まり、ひいては、その批判の矛先が一党独裁の体制に向かいかねない。配車サービスへの新規制で、企業に対して利益の公開を求めたのはそうした事情がある。

東南アジアでも、こうした動きに企業側の警戒感が高まっている。米中での規制強化よりも前から、東南アジアの経営者たちはこの問題に神経をとがらせてきた。ゴジェック共同

CEOだったアンドレ・スリスツヨ（現GoTo CEO）は2020年1月のインタビューで、「（もし労働者と認められれば）サービスが成り立たなくなる」と強い警戒感を口にした。

東南アジアでは、ドライバーを従業員とするような法制化の動きは表面化していない。ただ、第1章で触れたように、シンガポール首相のリー・シェンロンはドライバーなどギグワーカーの保護策を検討すると表明している。東南アジアのテック企業の経営者たちには、高い成長を維持しながら、サービスを実際に消費者に届ける労働者も満足するような報酬を払い続けるという、難しい舵取りが求められている。

# おわりに

　私たちが本書を執筆する動機の1つが、東南アジアの活気に満ちた経済を、もっと多くの日本人に知ってもらう必要があるのではないかという問題意識だった。執筆を進めていくうちに、「日本は東南アジアから学ばないといけない」という思いは一層強まっていった。マレーシアの「ルック・イースト政策」に代表されるように、日本は第2次世界大戦以降、東南アジアに技術や資金、ノウハウを提供する側だった。教える側であって、教わる側ではない。日本国民も自然とそうした意識が刷り込まれてしまっているのではないだろうか。だが、東南アジアに勃興したスタートアップ経済は、そうした見方を根本から転換するよう迫っている。

　世界情勢は目まぐるしく変化している。冷戦終結後、経済的にも軍事的にも世界1強だった米国に対して、中国は経済的、政治的、軍事的に挑戦している。民主主義と強権主義が争う「新冷戦」とも言える状況だ。一方、2022年2月24日に発生したロシア軍によるウクライナ侵攻は、欧州のみならず世界秩序を揺るがしている。経済に目を向ければ、アジアやアフリカの新興国が高い経済成長を実現して、国際社会で存在感を発揮し始めている。

こうした大きな世界秩序の変化の中で、日本が世界3位の経済大国であり続けられるかどうかは予断を許さない。変化を生み出さなければ、東南アジアの国々が成長を続ける中で、日本の存在感の低下は避けられないだろう。

日本経済団体連合会（経団連）は2022年3月、スタートアップの育成に向けた提言を発表した。5年間でスタートアップ10万社、ユニコーン100社を生み出すという、これまでの日本ではあまり見られなかった野心的な目標だ。制度面の充実はもちろんだが、起業を促す仕組みや、起業に挑戦することが称揚されるような意識改革、大げさに言えば文化の醸成が欠かせない。日本にスタートアップ経済を本気で根づかせるには、米国や中国だけでなく、東南アジアの経験にも大いに学ぶ必要があるだろう。

日本でも若者を中心に、社会問題をビジネスで解決する「社会起業」への関心が高まっていると聞く。近い将来、日本の若者の中から、本書に登場したアンソニー・タンやフォレスト・リー、ナディム・マカリム、ウィリアム・タヌウィジャヤのような個人としても魅力のある世界的経営者が生まれることを願ってやまない。本書に示した私たちの取材成果が、日本の未来を担う経営者の一助となれば幸いである。

本書執筆に当たっては、多くの方々のご協力、ご助言をいただいた。シンガポール支局やジャカルタ支局で取材活動を共にした岩本健太郎氏、谷翔太朗氏、鈴木亘氏、ボビー・ヌグロホ氏のほか、日本経済新聞社の同僚に感謝したい。すべての方のお名前を記することはできないが、ここに深く御礼を申し上げる。

末筆になるが、執筆を温かく見守ってくれた家族にも感謝したい。

中野貴司
鈴木　淳

**中野貴司**　なかの・たかし

日本経済新聞シンガポール支局長兼クアラルンプール支局長。１９７７年生まれ。２０００年、早稲田大学政治経済学部卒業、日本経済新聞社入社。経済部、政治部、日経ＢＰ日経ビジネス編集部などを経て２０１７年から現職。共著に『生保はどうなる』『ＴＰＰがビジネス、暮らしをこう変える』（以上、日本経済新聞出版）などがある。

**鈴木 淳**　すずき・じゅん

日本経済新聞社Ｎｉｋｋｅｉ Ａｓｉａデスク（前ジャカルタ支局長）。１９７９年生まれ。２００６年、一橋大学大学院社会学研究科修了、日本経済新聞社入社。大阪社会部、消費産業部、国際アジア部を経て、16～20年、インドネシア駐在。インドネシアなどアジア新興国の政治経済や社会が主な関心で、アジアの政治家や経営者らを多数取材している。

日経プレミアシリーズ｜474

# 東南《とうなん》アジア スタートアップ大躍進《だいやくしん》の秘密《ひみつ》

二〇二二年五月六日　一刷

著者　中野貴司　鈴木 淳
発行者　國分正哉
発行　株式会社日経ＢＰ
日本経済新聞出版
発売　株式会社日経ＢＰマーケティング
〒一〇五―八三〇八
東京都港区虎ノ門四―三―一二
装幀　ベターデイズ
組版　マーリンクレイン
印刷・製本　凸版印刷株式会社



ISBN 978-4-296-11335-4 Printed in Japan

日経プレミアシリーズ 151

## いま中国人は何を考えているのか

加藤嘉一

日本人が抱く中国人のイメージは、その実像と大きくかけ離れる。「なぜスタバにショートサイズがないのか」「反日デモをする本当の理由とは」……。日中をまたにかけ活躍する著者が、現地での実体験から、中国人の意外な国民性、ものの考え方を詳しく紹介する。

日経プレミアシリーズ 465

## イギリス解体の危機
## ブレグジットが開けたパンドラの箱

中島裕介

英国は将来にわたって今の国のかたちを維持できるのか。ブレグジットは「パンドラの箱」を開けてしまった。独立運動が再燃するスコットランド、国境問題がくすぶる北アイルランド――。ジョンソン政権の外交政策「グローバル・ブリテン」の裏側、現地の実相を、日経新聞欧州総局の記者が、生の声も交え探る。

日経プレミアシリーズ 461

## ジョークで読む世界ウラ事情

名越健郎

国際テロ組織アルカイダとコウモリの共通点は何？　答＝共に暗い洞穴に潜伏し、米本土攻撃に成功した。世界一薄い本は？　米国の美術史、中国の人権史、フランスの戦勝記、英国のグルメ本。切れ味鋭いジョークでつづる国際政治ガイド。

日経プレミアシリーズ 453

## 安いニッポン「価格」が示す停滞

中藤 玲

日本のディズニーランドの入園料は実は世界で最安値水準、港区の年平均所得１２００万円はサンフランシスコでは「低所得」に当たる……いつしか物価も給与も「安い国」となりつつある日本。30年間の停滞から脱却する糸口はどこにあるのか。掲載と同時にＳＮＳで爆発的な話題を呼んだ日本経済新聞記事をベースに、担当記者が取材を重ね書き下ろした、渾身の新書版。

日経プレミアシリーズ 467

## 地形で読む日本

金田章裕

立地を知れば歴史が見える。都が北へ、内陸へと移動したのはなぜか。城郭が時には山の上に、時には平地に築かれた理由。どのようにして城下町が成立し、どのように都市が水陸交通と結びついていったのか。地形図や古地図、今も残る地形を読みながら、私たちがたどってきた歴史の底流を追う。大好評の歴史地理学入門第2弾。

日経プレミアシリーズ 459

## 世論調査の真実

鈴木督久

新聞による内閣支持率の違いは報道姿勢とは無関係、選挙終了直後に当確を打つ仕組み、質問の説明方法で回答数値はどう変わるか……。世論調査が政治を大きく動かす時代、誰が、誰に、何をどのように尋ね、どう報道されるのか。長く調査実務に携わった専門家が、意外な事実、驚きの裏側、深い学識をベースに民意の本当の姿をついに明かす。

日経プレミアシリーズ466

## 日本酒テイスティング　カップ酒の逆襲編

北原康行

ラベルに記載されるたった2つの情報で、風味はざっくり把握できる——いまや驚くほどのバリエーションを取りそろえるようになったカップ酒に始まり、スパークリング、生酛・山廃、アル添酒、熟成酒まで、「4合瓶2000円未満」のおすすめ銘柄を、唎酒世界一に輝いたソムリエがテイスティング。おすすめの飲み方、料理との合わせ方まで紹介します。家飲み時代の必携書！

日経プレミアシリーズ463

## あなたが投資で儲からない理由

大江英樹

「長期投資ならリスクは小さくなる」「リスクの大きいものはリターンも大きい」「積立投資は最強の投資方法」「株価に一喜一憂してはいけない」「初心者はまず投資信託から」——これらはすべて勘違い？　お金に関する情報があふれる時代、自分なりの判断軸を持たず振り回されていると、いつかくる暴落にただ泣くことにも。「自分の頭で考える」ための投資の考え方の基本を紹介する。

日経プレミアシリーズ458

## 賢い子はスマホで何をしているのか

石戸奈々子

「子どもにスマホは絶対ダメ」、その価値観のままで本当にいいのだろうか？　デジタルを「学び」にうまく取り入れれば、未来の社会でAIに負けないような、思考力・創造力をはぐくむこともできる——デジタル教育の普及につとめてきた著者が、未来の教育を踏まえ、子どもとデバイスの適切な距離から、創造力を伸ばすツール、家庭でのデジタル教育の取り入れ方までを紹介する。